ACHTUNG, REKORDE!

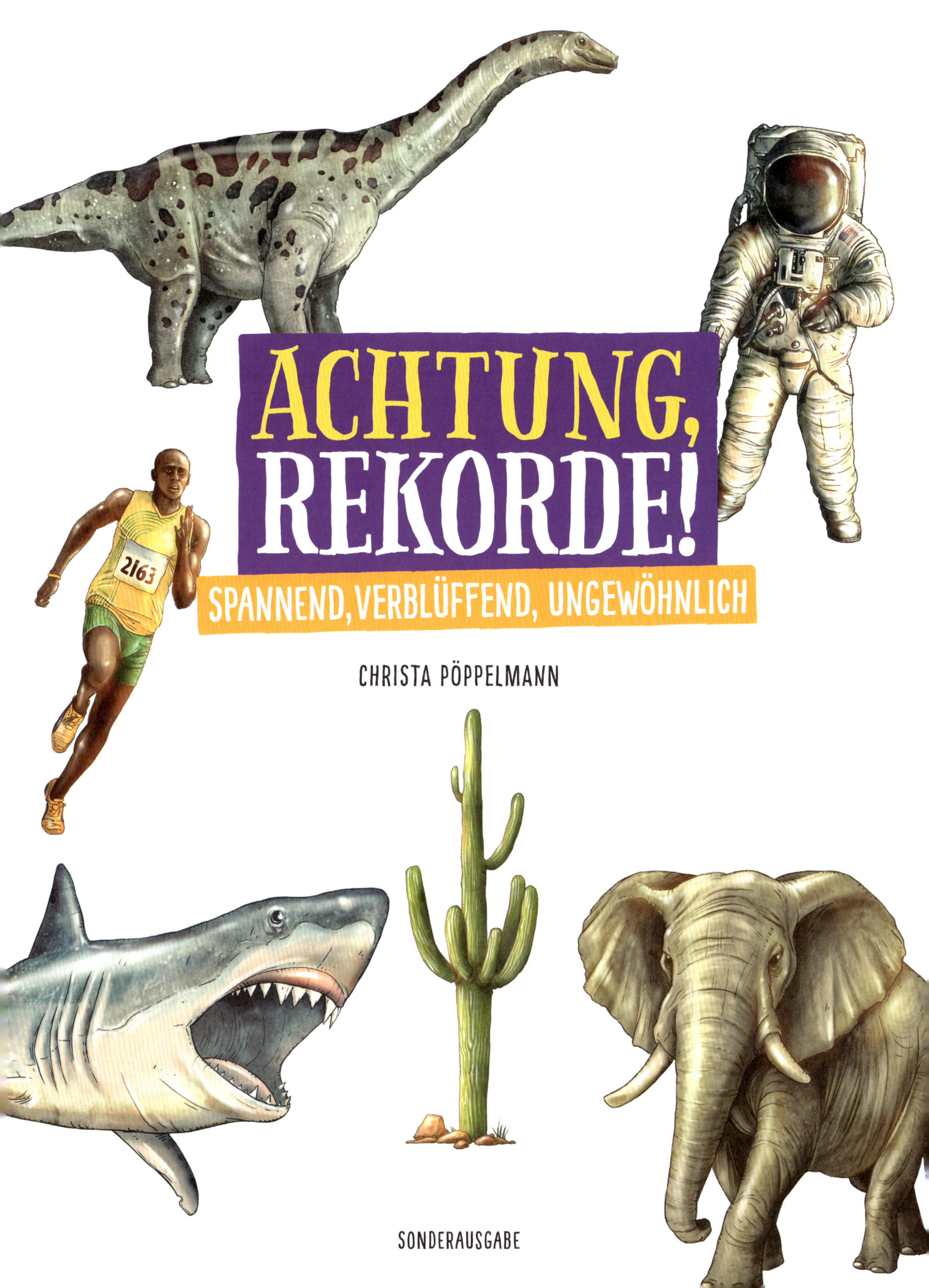

SPANNEND, VERBLÜFFEND, UNGEWÖHNLICH

CHRISTA PÖPPELMANN

SONDERAUSGABE

Vertrieben durch:
© Compact Verlag GmbH
Baierbrunner Straße 27, D-81379 München

Alle Rechte vorbehalten. Nachdruck, auch auszugsweise, nur mit ausdrücklicher Genehmigung des Verlages gestattet. Alle Angaben wurden sorgfältig recherchiert, eine Garantie bzw. Haftung kann jedoch nicht übernommen werden.

Text: Christa Pöppelmann
Redaktionsleitung: Anja Fislage
Redaktion: Felicitas Szameit, Lea Schmid
Fachredaktion: Barbara Werner
Produktion: Ute Hausleiter
Abbildungen: siehe Bildnachweis S. 144
Titelabbildungen: Pascal Nöldner
Gestaltung: Enrico Albisetti
Umschlaggestaltung: Enrico Albisetti

ISBN 978-3-8174-1850-3
381741850/1

www.compactverlag.de

→ VORWORT

Hast du dir schon einmal überlegt, wie schnell die schnellsten Autos eigentlich fahren können? Oder wie alt Menschen im Höchstfall werden? Oder wie weit weg die fernsten Galaxien unseres Weltalls sind?

Dann ist dieses Buch genau das Richtige für dich. Denn es entführt dich in die atemberaubende Welt der Höchstleistungen. Hier erfährst du, zu welch staunenswerten Rekorden Tiere und auch Pflanzen fähig sind, was Menschen vollbringen können und welche Extreme sich auf unserer Erde finden. Du erfährst, wie gigantisch unser Universum ist und welche technischen Meisterleistungen die Menschheit vollbringt. Aber es gibt auch viel zu lachen, denn manche Rekorde sind ziemlich verrückt. Etwa, wenn Menschen Millionen von Euro für eine einzelne Briefmarke zahlen, weil sie besonders selten ist. Spezialseiten vertiefen das Thema und am Ende des Buches gibt es dann noch ein Quiz für besondere Schlaumeier. Ob du da wohl auf eine Rekordzahl von richtigen Antworten kommst?

→ INHALT

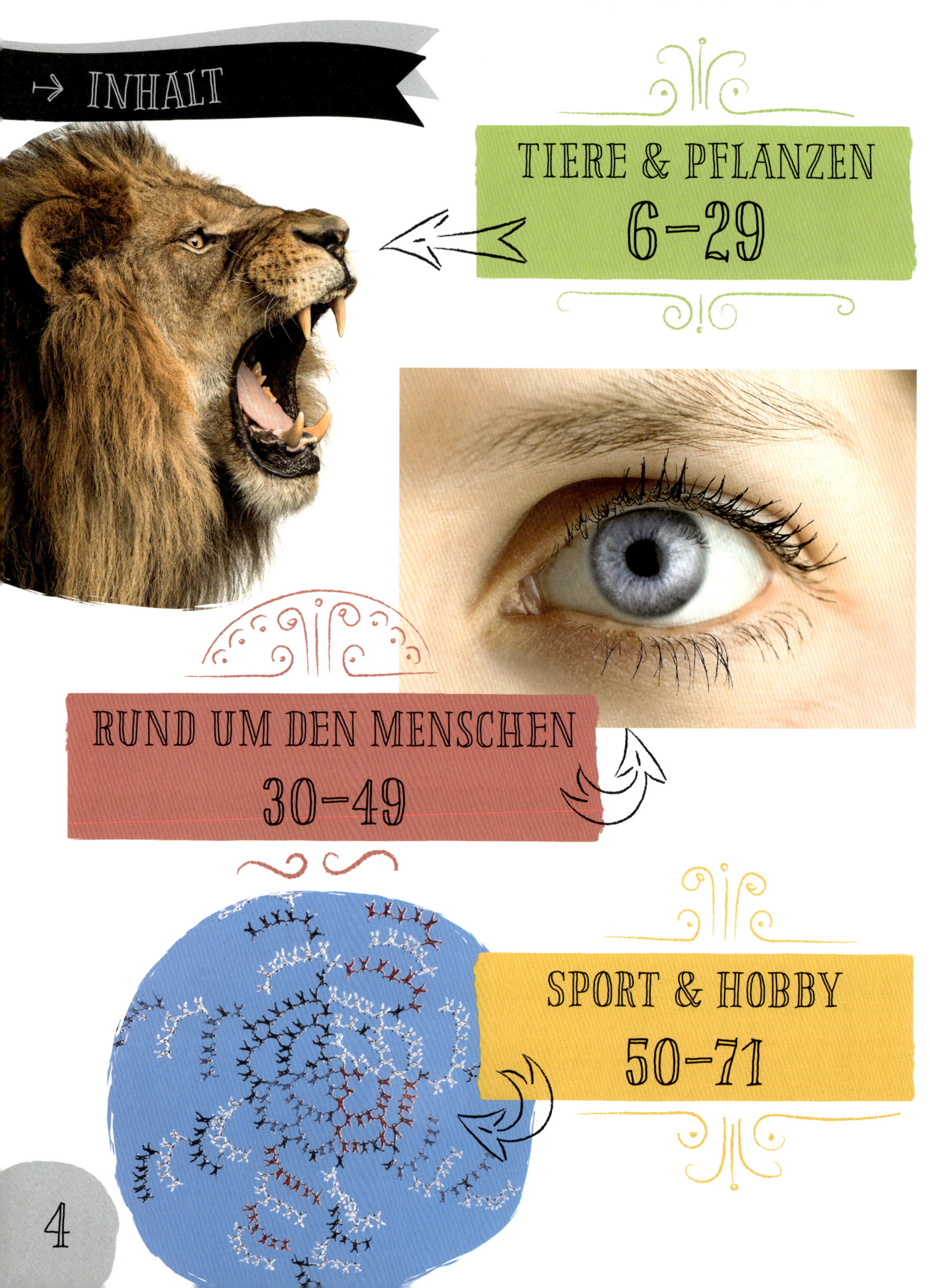

TIERE & PFLANZEN
6–29

RUND UM DEN MENSCHEN
30–49

SPORT & HOBBY
50–71

4

INHALT

HIMMEL & ERDE
72–95

TECHNIK & ARCHITEKTUR
96–117

BESONDERES & KURIOSES
118–137

TESTE DEIN WISSEN!
138–141

REGISTER	142
BILDNACHWEIS	144

TIERE & PFLANZEN

Das größte Tier

Blauwale werden bis zu 33 Meter lang und etwa 190 Tonnen schwer. Damit sind sie die größten Tiere, die jemals auf der Erde gelebt haben. Auch die größten Dinosaurier waren nicht so riesig. Ein Blauwal ist so lang wie ein kleines Passagierflugzeug, mit dem du in den Urlaub fliegst, aber doppelt so schwer. Blauwale gibt es in allen Weltmeeren. Sie sind ganz friedliche Gesellen, die nur Plankton fressen. Das ist ein Mix aus Algen und winzigen Tierchen, der im Wasser schwebt. Wie alle Wale müssen sie zum Luftholen auftauchen. Dabei stoßen sie Wasserfontänen aus, die mehr als neun Meter hoch sind.

Das längste Tier

Kannst du dir vorstellen, dass es Tiere gibt, die noch länger als ein Blauwal sind? Im Jahr 1864 wurde an der schottischen Küste ein Schnurwurm namens Lange Nemertine gefunden, der 55 Meter lang war! Aber er war eine Ausnahme. Normalerweise werden Schnurwürmer nur fünf bis zehn Meter lang. Aber es werden immer wieder einzelne Exemplare gefunden, die über 30 Meter lang sind. Dabei sind Schnurwürmer aber nicht einmal einen Zentimeter dick. Deshalb werden sie auf Englisch auch *bootlace worms* genannt: „Schnürsenkelwürmer". Sie leben im Meer rund um Großbritannien und Norwegen.

TIERE & PFLANZEN

Das größte Landtier

Rate doch mal! Wer ist größer? Elefant oder Giraffe? Diese Frage ist nicht leicht zu beantworten. Denn Giraffen sind natürlich die höchsten Landtiere. Sie werden bis zu sechs Meter hoch. Die größten afrikanischen Elefantenbullen messen dagegen allerhöchstens vier Meter. Elefanten sind natürlich länger als Giraffen. Aber nicht so lang wie die Netzpython, die mit mehr als sechs Metern das längste aller Landtiere ist. Doch meistens bezeichnet man das Tier als das größte, das am schwersten ist. Und das ist der Afrikanische Elefant. Große Bullen wiegen bis zu 7,5 Tonnen.

Die Giraffe ist das höchste Landtier, der Elefant das größte.

Das größte Raubtier

Denkst du jetzt an Löwen und Tiger? Aber um das größte Raubtier zu bestimmen, muss man erst einmal feststellen, was ein Raubtier ist. Oft werden alle Tiere, die sich von Fleisch ernähren, als Raubtiere bezeichnet. Dann ist der Pottwal am größten. Er wird bis zu 20 Meter lang. Wenn die Wissenschaftler von Raubtieren sprechen, meinen sie aber nur eine bestimmte Gruppe der Säugetiere. Zu ihr gehören unter anderem Raubkatzen, Bären, Hunde, Marder und Robben. Am größten von ihnen ist der Südliche See-Elefant, eine Robbenart. Die Männchen werden über sechs Meter lang und mehr als drei Tonnen schwer.

Der Südliche See-Elefant ist das größte Raubtier.

TIERE & PFLANZEN

Der größte Vogel

Wahrscheinlich kennst du ihn. Denn obwohl der Strauß eigentlich nur in Afrika vorkommt, wird er auch bei uns oft auf Straußenfarmen gezüchtet. Ein Straußenmännchen kann bis zu 2,5 Meter groß und über 130 Kilogramm schwer werden. Damit sind Strauße zu schwer zum Fliegen. Zum Ausgleich können sie sehr schnell laufen. Ihre Höchstgeschwindigkeit beträgt 70 Stundenkilometer. Da kann kein Mensch mithalten. Es gibt auch noch andere Vögel, die zu schwer zum Fliegen sind, aber keiner ist so groß wie der Strauß.

Das größte Insekt

Insekten sind normalerweise ziemlich klein. Im Naturkundemuseum in London findet sich jedoch ein Exemplar, das mit ausgestreckten Beinen über einen halben Meter lang ist. Es sieht aus wie ein Bündel trockener Äste und ist eine sogenannte Gespenstschrecke. Gespenstschrecken sind mit den Heuschrecken verwandt. Trotz ihres Namens sind sie harmlos. Die größte Art der Gespenstschrecken, die *Phoebaticus chani* heißt, lebt auf der Insel Borneo im Regenwald und ist so selten, dass die Wissenschaftler kaum etwas über sie wissen. Kein Grund zur Panik also!

Gespenstschrecken gehören zu den größten Insekten.

TIERE & PFLANZEN

Die größte Hunderasse

Für viele Hunderassen ist eine bestimmte Größe vorgeschrieben. Männliche Doggen sollen mindestens 80 Zentimeter Schulterhöhe haben. Damit sind Doggen die größte Hunderasse. Aber auch der größte Hund, von dem man weiß, war eine Dogge. Er hieß Zeus, lebte in den USA und hatte eine Schulterhöhe von 1,12 Metern. Wie hättest du wohl dagegen ausgesehen? Für die kleinste Hunderasse der Welt, die Chihuahuas, ist dagegen nur das Gewicht vorgeschrieben. Es muss zwischen 0,5 und drei Kilo betragen. Die kleinsten Chihuahuas sind nur zehn bis 15 Zentimeter hoch.

Chihuahua und Dogge – ein ganz schöner Größenunterschied, oder?

Der größte Hai

Bestimmt hast du schon vom Weißen Hai gehört. Er ist einer der gefährlichsten Haie, die es heute gibt. Der größte ist er aber nicht. Er wird nur etwa sieben Meter groß, während der Walhai bis zu 13 Meter lang wird und der Riesenhai bis zu zehn Meter. Aber die beiden ernähren sich von Plankton und sind ganz ungefährlich. Der größte Hai aller Zeiten ist zum Glück schon vor 2,6 Millionen Jahren ausgestorben. Es war der Megalodon, der bis zu 20 Meter lang werden konnte. Die Forscher glauben, dass er zehnmal so stark zubeißen konnte wie ein Weißer Hai. Damit konnte er auch die Knochen von Walen oder den Panzer von Schildkröten durchbeißen. Schaurig, was?

TIERE & PFLANZEN

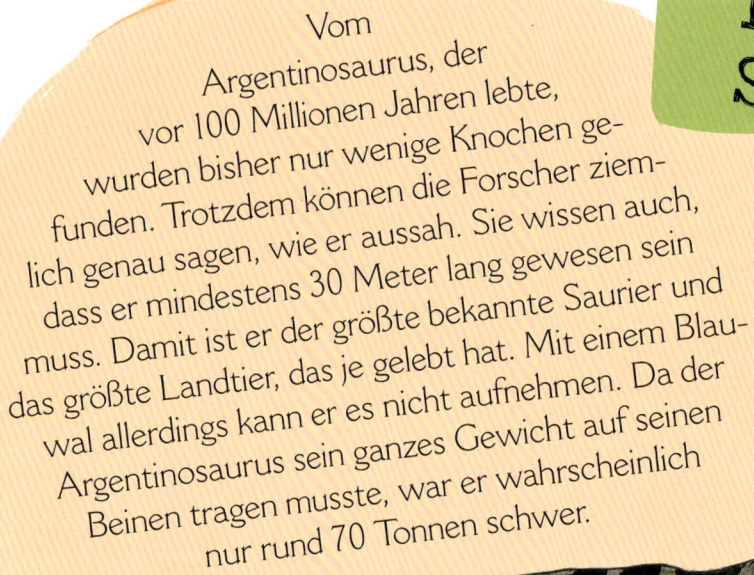

Der größte Saurier

Vom Argentinosaurus, der vor 100 Millionen Jahren lebte, wurden bisher nur wenige Knochen gefunden. Trotzdem können die Forscher ziemlich genau sagen, wie er aussah. Sie wissen auch, dass er mindestens 30 Meter lang gewesen sein muss. Damit ist er der größte bekannte Saurier und das größte Landtier, das je gelebt hat. Mit einem Blauwal allerdings kann er es nicht aufnehmen. Da der Argentinosaurus sein ganzes Gewicht auf seinen Beinen tragen musste, war er wahrscheinlich nur rund 70 Tonnen schwer.

Die artenreichste Tierklasse

Kannst du dir vorstellen, dass es ungefähr eine Million verschiedene Insektenarten gibt? Aber das ist nicht alles! Die Forscher glauben, dass es noch viele unentdeckte Arten gibt. Außerdem glauben sie, dass etwa sechs bis zehn Millionen Arten im Laufe der Geschichte schon ausgestorben sind. Die Insekten sind damit bei Weitem die artenreichste Klasse im Tierreich. Zum Vergleich: Säugetierarten gibt es nur etwa 5400, Vögel und Reptilien jeweils rund 10.000 und Fische über 32.400.

TIERE & PFLANZEN

Die kleinste Pferderasse

Die argentinischen Falabella-Pferde sollen nicht über 86 Zentimeter Schulterhöhe haben. Damit sind sie die kleinste Pferderasse, die es gibt, und kleiner als viele große Hunde. Der kleinste bekannte Vertreter, ein Hengst namens Little Pumpkin, war sogar nur 35 Zentimeter groß. Die Minipferde werden für Shows und Zirkusnummern eingesetzt, aber manchmal auch wie Blindenhunde abgerichtet. Dagegen müssen bei den größten Pferden der Welt, den Shire Horses, Hengste mindestens eine Schulterhöhe von 1,68 Metern haben. Das größte jemals gemessene Pferd, ein Wallach namens Sampson, war sogar 2,19 Meter groß.

Falabella-Pferde sind die kleinste Pferderasse.

Das kleinste Tier

Die kleinste bekannte Tierart sind Zwergwespen, die Tinkerbella genannt werden. Die Männchen, die kleiner als die Weibchen sind, bringen es auf nicht einmal 0,2 Millimeter. Sie legen ihre Eier in die Eier anderer Insekten, die auch nur wenige Millimeter groß sind. Das kleinste Wirbeltier wirkt dagegen groß. Es ist eine Froschart aus Neuguinea mit dem komplizierten Namen *Paedophryne amauensis*, die nur bis zu acht Millimeter groß wird. Die kleinsten Säugetiere sind die asiatische Hummelfledermaus und die Etruskerspitzmaus, die im Mittelmeerraum zu finden ist. Sie werden etwa drei Zentimeter groß.

Dieser Frosch ist nur circa acht Millimeter groß.

Die Etruskerspitzmaus ist eines der kleinsten Säugetiere.

SPEZIAL

Saurier

Die Dinosaurier schlagen alle Größenrekorde. So mächtige und gefährliche Landtiere gibt es heute bei Weitem nicht mehr. Aber weißt du, dass nicht alle Saurier „Dinos" waren? Und dass es auch ganz kleine Saurier gab?

Die ersten Saurier, Ur-Saurier genannt, lebten vermutlich vor über 300 Millionen Jahren. Sie waren nur etwa 30 Zentimeter lang und ähnelten Eidechsen. Ungefähr vor 250 Millionen Jahren gab es dann eine große Naturkatastrophe. Vermutlich wurde es durch viele heftige Vulkanausbrüche immer wärmer auf der Erde. Die meisten Tiere vertrugen diese Hitze nicht. Mehr als drei Viertel aller Arten starben aus, darunter auch die meisten Saurier, die schon bis zu vier Meter groß geworden waren.

Die Zeit nach dieser Katastrophe nennen die Forscher Erdmittelalter oder Mesozoikum. Bereits zu Beginn des Mesozoikums entwickelten sich viele neue Saurierarten, darunter auch Meeressaurier und Flugsaurier. Die Dinosaurier entstanden vor etwa 235 Millionen Jahren. Ihr Name bedeutet „schreckliche Echsen", weil viele von ihnen so groß und gefährlich waren.

SPEZIAL

Die Dinos lebten zunächst alle an Land. Sie sahen aber äußerst verschieden aus. Manche gingen auf vier Beinen, andere auf zwei Beinen, einige waren schreckliche Raubtiere, andere ganz friedliche Pflanzenfresser. Die ersten bekannten Arten waren der kleine Eoraptor, der nur etwa einen Meter lang wurde, und der schon ziemlich mächtige Herrerasaurus, der bis zu sechs Meter lang werden konnte. Beide waren gefährliche Raubtiere mit Krallenarmen und einem krokodilähnlichen Gebiss.

Im Laufe des Mesozoikums wurden die Saurier dann immer größer. Warum das so ist, weiß man nicht genau. Vermutlich wurden sehr große, pflanzenfressende Saurier weniger leicht Beute der gefährlichen Raubsaurier. Deshalb überlebten die größten Tiere am längsten und bekamen immer größere Nachkommen. Aber auch die Raubsaurier hatten bessere Chancen, viel Beute zu machen, wenn sie besonders groß und stark waren. Es fand also eine Art Wettlauf statt. Jedenfalls waren die allergrößten Dinosaurier wie der Argentinosaurus oder der bis zu 22 Meter lange Brontosaurus alle Pflanzenfresser. Dagegen wurde der größte Raubsaurier, der Spinosaurus, nur etwa 16 bis 18 Meter lang. Wahrscheinlich lebte er an der Küste und ernährte sich hauptsächlich von Fischen. Sehr viel bekannter ist der Tyrannosaurus Rex. Mit etwa 12,5 Metern Länge war er aber nicht ganz so lang.

Früher glaubte man, dass die Dinosaurier ausstarben, weil sie einfach zu groß geworden waren. Aber das stimmt nicht. Sie fielen vor 66 Millionen Jahren einer Naturkatastrophe zum Opfer. Nur einige sehr kleine Dinos, die fliegen gelernt hatten, überlebten. Weißt du, was aus ihnen geworden ist? Von ihnen stammen unsere Vögel ab.

TIERE & PFLANZEN

Das älteste Landtier

Versuche doch mal, dich in das Jahr 1750 zurückzuversetzen. Damals herrschten König Friedrich der Große von Preußen (1712–1786) und Kaiserin Maria Theresia (1717–1780). Die Menschen trugen Perücken und reisten mit der Pferdekutsche. Ungefähr in diesem Jahr wurde auf den Seychellen – das ist eine Inselgruppe östlich von Afrika – ein Riesenschildkröten-Männchen geboren. Es wurde bald darauf gefangen und kam in den Zoo von Kalkutta. Dort bekam es den Namen Adwaita („der Einzigartige") und lebte bis zum 22. März 2006. Es wurde also über 250 Jahre alt.

Der älteste Meeresbewohner

Weißt du, dass Schwämme eigentlich Tiere sind? Sie leben auf dem Meeresboden und sind eine ziemlich alte, urtümliche Tierart. Der wahrscheinlich älteste Schwamm lebt vor der Nordküste der Antarktis in 140 Meter Tiefe. Er wurde durch einen Tauchroboter entdeckt und sieht ein bisschen wie eine Vase aus. Im kalten Wasser rund um die Antarktis wachsen Schwämme extrem langsam. Dieser Schwamm aber ist etwa zwei Meter groß. Die Forscher vermuten, dass er 10.000 Jahre dafür brauchte. Unglaublich, oder? Damals lebten auf der Erde noch die Steinzeitmenschen.

Schwämme sind Tiere.

TIERE & PFLANZEN

Der weiteste Vogelzug

Die meisten Küstenseeschwalben leben den Sommer über in der Arktis und fliegen dann fast um die halbe Erde, um den Winter am Rand der Antarktis zu verbringen. Warum aber tun sie das? Es liegt am Licht. Denn im Sommer geht rund um den Nordpol die Sonne nicht unter, im Winter rund um den Südpol. Aber auch in den Polargebieten sind die Küstenseeschwalben fast rund um die Uhr auf der Jagd und legen dabei bis zu 500 Kilometer am Tag zurück. Man schätzt, dass eine Küstenseeschwalbe bis zu 80.000 Kilometer im Jahr fliegt, manche Tiere fliegen sogar noch mehr. Frag doch zum Vergleich deine Eltern, wie viele Kilometer sie im Jahr mit dem Auto fahren.

Der längste Tauchgang

Sicher weißt du, dass Wale, Robben und Delfine Säugetiere sind und deshalb zum Luftholen an die Wasseroberfläche kommen müssen. Aber sie können viel länger tauchen als der Mensch. Der beste Taucher ist der Cuvier-Schnabelwal. Er ernährt sich von Tintenfischen, die in großer Tiefe leben. Dafür taucht er normalerweise etwa 1500 Meter tief und bleibt dort etwa eine Stunde. Aber Forscher haben auch schon Schnabelwale beobachtet, die fast 3000 Meter tief tauchen und über zwei Stunden in der Tiefe bleiben. Auch der Pottwal und der Südliche See-Elefant, die ebenfalls von Tintenfischen leben, können sehr tief und lange tauchen.

Der Cuvier-Schnabelwal ist der beste Taucher.

TIERE & PFLANZEN

Das schnellste Landtier

Hast du schon einmal einen Gepard rennen gesehen? Er kann bis zu 120 Stundenkilometer schnell werden und ist damit das schnellste Landtier der Erde. Allerdings können Geparden dieses Tempo nur ganz kurze Zeit durchhalten, weswegen sie sich auf etwa 50 bis 100 Meter an ihre Beutetiere heranpirschen. Der nordamerikanische Gabelbock dagegen kann ein Tempo von etwa 65 Stundenkilometern fünf bis zehn Kilometer lang durchhalten. Damit ist er über solche Strecken das schnellste Landtier.

Der schnellste Vogel

Hättest du gedacht, dass Vögel die schnellsten Tiere der Welt sind? Den Rekord halten die Wanderfalken. Wenn sie sich aus großer Höhe wie ein Pfeil auf ihre Beute herabstürzen, können sie über 300 Stundenkilometer schnell werden. Im „normalen" Flug dagegen ist vermutlich der Stachelschwanzsegler am schnellsten, ein asiatischer Verwandter der Mauersegler. Er erreicht Geschwindigkeiten von bis zu 170 Stundenkilometern.

TIERE & PFLANZEN

Das giftigste Tier

Bestimmt hast du schon von Giftschlangen und Giftspinnen gehört. Aber das giftigste Tier der Welt ist eine Qualle. Bei uns sind die meisten dieser Tiere ganz harmlos. Nur vor den Feuerquallen muss man sich in Acht nehmen, weil ihr Gift kleine Tiere lähmen kann und Menschen Schmerzen bereitet. Die australische Seewespe ist jedoch viel gefährlicher. Das Gift einer einzigen Qualle kann etwa 250 Menschen töten. Um sich zu vergiften, reicht es, mit ihren bis zu drei Meter langen, feinen Tentakeln in Berührung zu kommen. Wenn Quallen-Gefahr besteht, werden die Strände in Australien deshalb gesperrt.

Der gefährlichste Vogel

Eigentlich sind Vögel nicht besonders gefährlich. Auch große Raubvögel gehen normalerweise nicht auf Menschen los. Vor dem Kasuar jedoch muss man sich in Acht nehmen. Dieser Vogel lebt in Neuguinea und Australien. Er ähnelt einem Strauß, ist aber etwas kleiner und bunter. Normalerweise ist er sehr scheu. Wenn ihm aber jemand zu nahe kommt, dann tritt er zu. Damit kann er Menschen, aber auch andere Tiere schwer verletzen. Denn er hat nicht nur sehr starke Beinmuskeln, sondern auch sehr lange, scharfe Krallen.

TIERE & PFLANZEN

Das lauteste Tier

Den größten Krach im Tierreich machen die Knallkrebse. Sie leben in tropischen Riffen. Wenn sie ihre Scheren schließen, erzeugen sie einen sehr schnellen, heißen Wasserstrahl, der eine Blase bildet, die dann mit einem lauten Knall explodiert. Dabei wurden schon bis zu 250 Dezibel gemessen. Zum Vergleich: Ein Pistolenschuss ist nur etwa 140 Dezibel laut. Die Krebse haben mit ihrem Krach sogar schon U-Boot-Ortungssysteme durcheinandergebracht. Die lautesten Landtiere wie Löwen oder Brüllaffen bringen es dagegen nur auf gut 100 Dezibel.

Löwen sind die lautesten Landtiere.

Das beste Gehör

Weißt du, wie sich Fledermäuse orientieren? Sie stoßen ständig Laute aus. Ihre Töne sind aber meist so hoch, dass wir Menschen sie nicht hören. Die Fledermäuse aber merken ganz genau, wo die Schallwellen ihrer Rufe auf ein Objekt treffen. Auf diese Weise erfahren sie, wie ihre Umgebung aussieht. Sie können alle Hindernisse auf ihrem Flugweg „hören" und spüren über das Gehör ihre Beutetiere auf – selbst winzig kleine Taufliegen. Bei Versuchen hat man festgestellt, dass selbst blinde Fledermäuse Drähte erkennen, die nur etwa 0,1 Millimeter dick sind.

TIERE & PFLANZEN

Die größten Augen

Koloss-Kalmare haben nicht nur große Augen, sie sind überhaupt sehr groß.

Hast du einen Fußball? Ein solcher Ball hat normalerweise einen Durchmesser von etwa 21 Zentimetern. Die Augen des Koloss-Kalmars dagegen können einen Durchmesser von bis zu 27 Zentimetern haben. Damit sind sie die größten in der gesamten Tierwelt. Wozu aber brauchen Kalmare so große Augen? Sie gehören zu den Tintenfischen und leben in der Tiefsee, wo es stockdunkel ist. Die Forscher vermuten, dass die Kalmare mit ihren großen Augen trotz der Dunkelheit ihren größten Feind, den Pottwal, aus einer Entfernung von etwa 100 Metern erkennen können.

Die beste Nase

Bestimmt weißt du, dass Hunde viel besser riechen können als Menschen. Noch besser aber riecht der Aal. Dabei hat er gar keine Nase. Sein Riechorgan sitzt in seinem Mund. Stell dir vor, du stehst am Bodensee, isst Eis und kleckerst ein paar Tropfen in das Wasser. Ein Aal würde das noch am anderen Ende des Sees riechen. Aber wozu braucht er einen so guten Geruchssinn? Alle Aale werden im Meer geboren. Sie wandern dann über Tausende von Kilometern in verschiedene Flüsse und Seen und leben im Süßwasser. Nach mehreren Jahren kehren sie an ihren Geburtsort zurück, um dort ihre Eier abzulegen. Um ihn zu finden, benutzen sie ihren Geruchssinn.

TIERE & PFLANZEN

Die längste Trächtigkeit

22 Monate, fast zwei Jahre, dauert es, bis ein kleines Elefantenbaby im Leib seiner Mutter herangewachsen ist und geboren wird. Ganz schön lang, was? Warum Elefanten so lange trächtig sind, darüber rätseln die Forscher. Eine noch längere Zeit kann bei einem Salamanderweibchen zwischen Befruchtung und Geburt vergehen. Aber das liegt daran, dass die Salamander oft nicht gleich nach der Befruchtung schwanger werden. Sie können den Samen des Männchens bis zu zwei Jahre in ihrem Körper einlagern. Wahrscheinlich tun sie das immer zu Zeiten, in denen es zu wenig Nahrung gibt. Dann werden sie erst schwanger, wenn die Umstände wieder besser sind.

Die schnellste Vermehrung

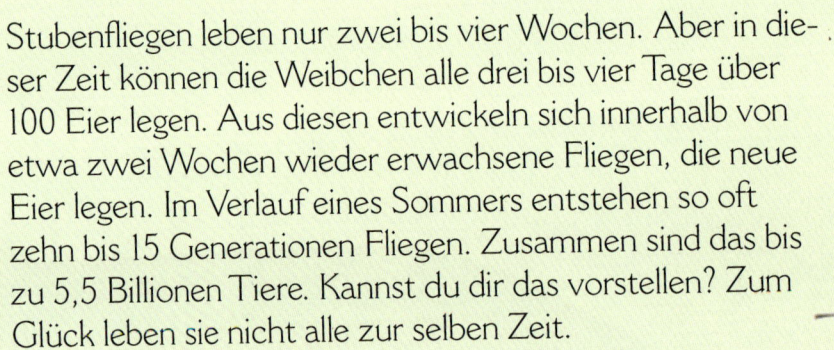

Stubenfliegen leben nur zwei bis vier Wochen. Aber in dieser Zeit können die Weibchen alle drei bis vier Tage über 100 Eier legen. Aus diesen entwickeln sich innerhalb von etwa zwei Wochen wieder erwachsene Fliegen, die neue Eier legen. Im Verlauf eines Sommers entstehen so oft zehn bis 15 Generationen Fliegen. Zusammen sind das bis zu 5,5 Billionen Tiere. Kannst du dir das vorstellen? Zum Glück leben sie nicht alle zur selben Zeit.

TIERE & PFLANZEN

Der beste Hungerkünstler

Am längsten ohne Nahrung kommt wahrscheinlich der grün gestreifte Grabfrosch in Nordaustralien aus. Jedes Jahr gräbt er sich zehn Monate lang in den Schlamm ein und kommt nur zur Regenzeit wieder heraus. Wenn die Regenzeit einmal ausfällt, dann bleibt er einfach eingegraben und wartet auf die nächste. Die Forscher schätzen, dass er bis zu vier Jahre ohne Nahrung auskommen kann.

Die artenreichste Pflanzenfamilie

Orchideen gehören zu den kostbarsten Blumen der Welt, weil sie so selten sind. Trotzdem gibt es über 25.000 bekannte Orchideenarten. Die meisten leben in den tropischen Regenwäldern. Viele von ihnen wachsen nicht am Boden, sondern auf Bäumen. Orchideen haben oft besonders schöne Blüten mit speziellen Formen. Die bekannteste Art kennst du sicher: Es ist die Vanille, die das Gewürz Vanille liefert. Auch in Deutschland gibt es einige Orchideensorten wie Frauenschuh oder Knabenkraut. Die meisten stehen unter strengem Naturschutz. Die zweitgrößte Pflanzenfamilie sind die Korbblütler mit etwa 24.000 Arten. Zu dieser Familie gehören viele Gartenblumen wie Sonnenblumen oder Margeriten, aber auch Gewürzkräuter und Salatpflanzen.

TIERE & PFLANZEN

Die größte Blume

Wenn in einem botanischen Garten die Titanenwurz blüht, dann ist das eine Sensation, die sogar in der Zeitung steht. Denn diese Pflanze aus Indonesien blüht nur alle paar Jahre. Meistens hat sie dann nur eine Blüte. Aus einem grün-roten Blütenkelch ragt ein hellgrüner Blütenstand, der über drei Meter groß werden kann. Damit ist die Titanenwurz die größte Blume der Welt. Leider duftet sie nicht wie andere Blumen, sondern stinkt nach Aas. Damit lockt die Pflanze Aaskäfer an, die in die Blüte hineinkrabbeln und sie dabei bestäuben.

Der älteste Rosenstock

Warst du schon einmal in der Stadt Hildesheim in Deutschland? Sie wirbt mit ihrem tausendjährigen Rosenstock. Er wächst am Dom. Wie alt er genau ist, weiß man nicht. Der Sage nach wurde er im Jahr 815 von Kaiser Ludwig dem Frommen (778–840) gepflanzt. Wenn das stimmt, wäre er inzwischen sogar schon über 1200 Jahre alt. Im Zweiten Weltkrieg wurde Hildesheim bombardiert. Der Rosenstock verbrannte dabei. Alle dachten, er wäre zerstört. Aber dann wuchsen aus der Wurzel neue Triebe. Das erschien vielen Menschen wie ein Wunder.

Dieser Rosenstock ist über 1200 Jahre alt. Wahnsinn, oder?

TIERE & PFLANZEN

Die älteste Pflanze der Welt

Es gibt zwei Anwärter auf diesen Titel: Der eine ist die Wurzel einer amerikanischen Zitterpappel im Fishlake National Forest in den USA. Sie wird auf ein Alter von etwa 80.000 Jahren geschätzt. Aus dieser Wurzel wachsen immer wieder neue Pappeln. Zurzeit sind es rund 47.000, also ein ganzer Wald. Aber alle hängen über ihrer Wurzel zusammen. Der zweite Kandidat sind die Seegraswiesen im Mittelmeer. Auch hier wächst das Gras immer wieder aus denselben Wurzeln und auch diese Wiesen werden auf ein Alter von etwa 80.000 Jahren geschätzt.

Diese Pappeln sind alle aus der Wurzel einer etwa 80.000 Jahre alten Pappel gewachsen.

Die wertvollste Pflanze

Kennst du Bonsais? Das sind Bäume, die ganz klein gehalten werden. Aber man beschneidet sie so, dass sie trotzdem wie große Bäume aussehen. Die Kunst, besonders schöne Bonsai-Bäume herzustellen, ist vor allem in Japan verbreitet. Viele Pflanzen sind älter als ihre Besitzer. In den 1980er-Jahren wurde in Japan auf einer Versteigerung ein 250 Jahre alter Wacholder-Bonsai für rund zwei Millionen US-Dollar verkauft. Möglicherweise ist er damit die teuerste Pflanze, die es je gab. Aber genau weiß man es nicht. Denn es kann sein, dass einige geschützte Pflanzen, wie Orchideen, zu noch höheren Preisen verkauft werden. Aber weil solche Geschäfte verboten sind, finden sie im Geheimen statt.

TIERE & PFLANZEN

Der dickste Baum

Er steht in der Stadt Santa María del Tule in Mexiko und wird Árbol del Tule genannt. Es handelt sich um eine Mexikanische Sumpfzypresse, die ungefähr 1500 Jahre alt ist. Sie wurde wahrscheinlich gepflanzt, bevor die ersten Europäer diesen Teil Mexikos entdeckten. Sicher weißt du, dass Bäume jedes Jahr dicker werden. Der Árbol del Tule hat inzwischen einen Durchmesser von mehr als 14 Metern.

Der höchste Baum

Der höchste bekannte Baum der Welt wächst an einem geheimen Ort irgendwo im Redwood-Nationalpark in Kalifornien. Er ist 115,55 Meter hoch und hat den Namen Hyperion bekommen. So heißt ein Riese in einer alten griechischen Sage. Würdest du einen so großen Baum gern einmal sehen? Das geht vielen Menschen so. Aber Hyperion ist ein Küstenmammutbaum. Und die Wurzeln dieser Bäume befinden sich ganz dicht unter der Erde. Die Forscher fürchten, dass diese Wurzeln geschädigt würden, wenn viele Schaulustige darauf herumtrampeln. Deshalb halten sie den Ort geheim. Aber es gibt im Nationalpark noch andere Küstenmammutbäume, die fast genauso hoch sind und besichtigt werden können.

Ganz schön hoch, die Küstenmammutbäume im Redwood-Nationalpark, oder?

TIERE & PFLANZEN

Der größte Kaktus

Da möchte keiner hineinfallen! Bei sehr alten Cardón-Kakteen werden die Dornen bis zu zwölf Zentimeter lang. Der Kaktus selbst kann fast 20 Meter hoch und bis zu einem Meter dick werden. Damit sind die Cardóns die größten Kakteen der Welt. Sie wachsen in Mexiko und können über 100 Jahre alt werden. Weitere, sehr groß wachsende Kakteen sind die Saguaro-Kakteen. Sie erreichen bis zu 15 Meter Höhe.

Der schwerste Kürbis

1054 Kilogramm – das ist über eine Tonne – wiegt der schwerste Kürbis der Welt. Er wurde von einem Schweizer Gärtner gezüchtet und gewann im Oktober 2014 die Europameisterschaft im Kürbiswiegen in Ludwigsburg. Hast du gewusst, dass es so etwas gibt? Auch bei anderen Gemüse- und Obstsorten wurden unglaubliche Rekorde bekannt: Die schwerste bekannte Tomate wog 3,5 Kilogramm, der schwerste Apfel 1,8 Kilogramm und die größte Kartoffel 13,5 Kilogramm. Allerdings schmeckt das Riesengemüse oft nicht besonders gut. Der Rekord-Kürbis jedenfalls wurde nicht gegessen.

25

TIERE & PFLANZEN

Die giftigste Pflanze Europas

Welche Pflanze wirklich am giftigsten ist, ist schwer zu sagen, da Menschen unterschiedlich auf Gift reagieren. Aber es gibt viele Pflanzen mit tödlichen Giften. Sie sind besonders für Kinder gefährlich, weil die kleiner und leichter sind als Erwachsene. Deshalb solltest du nie Beeren essen, die du nicht kennst. Besonders fies sind Pflanzen, die schon bei der Berührung giftig sind. Das gilt zum Beispiel für den Eisenhut mit seinen schönen blauen Blüten, die wie Glöckchen geformt sind. Er wird deshalb oft als gefährlichste Giftpflanze Europas bezeichnet.

Vorsicht, giftig!

Der gefährlichste Pilz

Du hast bestimmt schon davon gehört: An einem einzigen Knollenblätterpilz können mehrere Menschen sterben. Besonders gemein: Der Knollenblätterpilz sieht wild wachsenden Champignons ähnlich und wird deshalb oft verwechselt. Neun von zehn tödlichen Pilzvergiftungen passieren deshalb durch den Knollenblätterpilz. Allerdings können Ärzte heute die meisten Patienten retten. Ähnlich giftig wie der Knollenblätterpilz sind der Orangefuchsige und der Spitzgebuckelte Raukopf. Aber sie werden zum Glück kaum gegessen, da man sie eigentlich mit keinem Speisepilz verwechseln kann.

An einem Knollenblätterpilz können mehrere Menschen sterben.

TIERE & PFLANZEN

Die schärfste Chili

Magst du scharfes Essen? Oft ist es mit Chilischoten gewürzt. Sie sehen aus wie kleine Paprikas, sind aber so scharf, dass man nur winzige Mengen davon benutzt. Vor allem in Amerika ist es ein Sport, immer noch schärfere Chilis zu züchten. Seit 2013 gilt die Sorte *Carolina Reaper* als schärfste Chili der Welt. Sie zu essen, gilt als Mutprobe. In Nordamerika und Russland wird Pfefferspray aus Chilis benutzt, um neugierige Bären in die Flucht zu schlagen. Die Schärfe einer Chili wird in Scoville-Graden gemessen. Vielleicht hast du davon schon einmal gehört?

Das kleinste Lebewesen

Mit neuen Forschungsmethoden können die Wissenschaftler immer noch kleinere Bakterien entdecken. Die bislang kleinsten sind höchstens 200 Nanometer groß. Man müsste etwa 5000 von ihnen nebeneinanderlegen, um auf einen Millimeter zu kommen. Unglaublich, oder? Aber obwohl sie so klein sind, sind diese Bakterien Lebewesen. Das bedeutet, dass sie sich vermehren können. Manche Forscher glauben, dass es noch viel kleinere Lebewesen gibt. Sie haben auch schon so kleine Objekte entdeckt. Aber sie konnten noch nicht beweisen, dass diese lebendig sind.

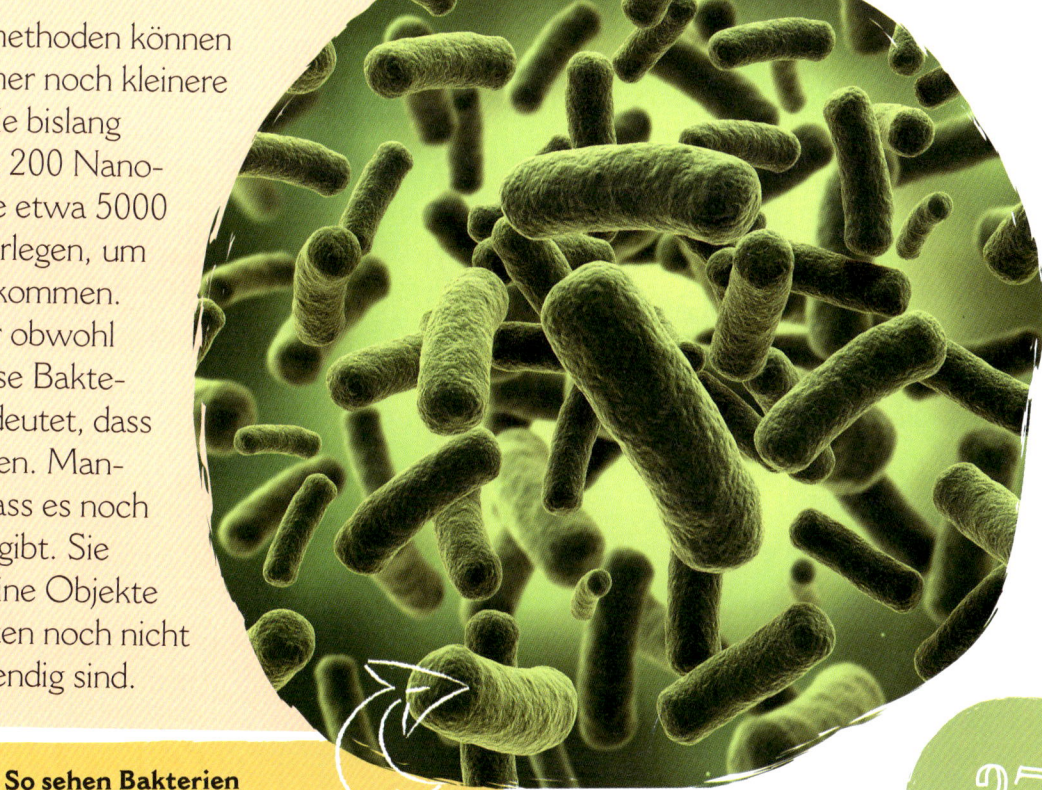

So sehen Bakterien ganz stark vergrößert aus.

SPEZIAL

Giftige Pflanzen und Tiere

Viele Pflanzen und Tiere sind sehr giftig. Aber hast du dich schon einmal gefragt warum? Um zu überleben, müssen sich Pflanzen und Tiere irgendwie schützen, sonst werden sie zu leicht gefressen.

Manche Tiere sind deshalb gut gepanzert. Andere können sehr schnell weglaufen. Wieder andere tarnen sich gut. Manche Tiere gibt es auch in so großer Zahl, dass immer einige überleben, Fliegen zum Beispiel. Auch viele Pflanzen sind so weit verbreitet, dass sie trotz des Gefressenwerdens überleben, Gras etwa. Aber manche Pflanzen und Tiere schützen sich auch durch Gift.

Was aber ist Gift? Gift ist ein Stoff, der die normalen Vorgänge in unserem Körper so durcheinanderbringt, dass dieser nicht mehr richtig arbeitet. Im Extremfall ist das so schlimm, dass wir sterben. Oft entscheidet die Menge, ob ein Stoff giftig ist oder nicht. Für Kinder, die noch viel kleiner und leichter sind, ist Alkohol zum Beispiel wirklich gefährlich, während Erwachsene es oft ganz lustig finden, wenn der Alkohol sie ein bisschen durcheinanderbringt und sie einen Schwips haben.

SPEZIAL

Aus manchen Giftpflanzen kann man sogar Medikamente machen, etwa aus der Tollkirsche. Dazu darf man aber nur ganz winzige Mengen benutzen. Eine ganze Tollkirsche ist schon viel zu viel. Manche Gifte wirken auch nicht auf alle Lebewesen gleich. Schokolade zum Beispiel ist für uns eine Leckerei, Hunde und Katzen aber können daran sterben, weil in ihrem Körper ein Mechanismus fehlt, der einen bestimmten Stoff in der Schokolade unschädlich macht.

Zum Glück gibt es in den meisten Gebieten Europas fast keine wirklich gefährlichen Gifttiere. Der Biss einer Kreuzspinne etwa ist nur unangenehm, aber nicht gefährlich, und auch eine Kreuzotter ist nur für kleine Kinder oder alte Menschen eine Gefahr. In anderen Ländern dagegen ist das ganz anders, weshalb man sich vor einem Urlaub gut informieren sollte.

Vor Pflanzen dagegen muss man sich überall in Acht nehmen: Es gibt eine ganze Reihe sehr giftiger Beeren, Pilze, Blüten und Blätter. Deshalb darfst du wirklich nie Teile von Pflanzen in den Mund stecken, die du nicht ganz genau kennst. Manche Pflanzen solltest du nicht einmal anfassen, weil ihr Gift die Haut reizen kann oder giftig wirkt, wenn du dir danach die Finger ableckst oder ins Auge fasst. Zu solchen Pflanzen gehören der Eisenhut, das Maiglöckchen und die Engelstrompete. Am besten schaust du dir mal mit deinen Eltern zusammen ein Buch über Giftpflanzen an.

RUND UM DEN MENSCHEN

Der älteste Mensch

Wie alt, glaubst du, können Menschen werden? Eine französische Frau namens Jeanne Calment wurde 122 Jahre und 164 Tage alt. Sie lebte von 1875 bis 1997. Als sie geboren wurde, gab es noch keine Autos und das Telefon war gerade erst erfunden worden. Gestorben ist sie im Computerzeitalter. Als sie starb, waren die meisten ihrer Angehörigen schon tot. Es ist aber möglich, dass es Leute gab, die noch älter als Jeanne Calment wurden. So gibt es in Äthiopien einen Bauern namens Dhaquabo Ebba, der behauptet, im Jahr 1895, also vor über 120 Jahren, schon einen Sohn gehabt zu haben. Aber er hat keine Urkunden, die sein Alter beweisen.

Jeanne Calment wurde 122 Jahre alt.

Die längste Ehe

2015 feierten Karam (geboren 1905) und Kartari Chand (geboren 1912) ihren 90. Hochzeitstag. Kannst du dir das vorstellen? Allerdings stammen die Chands aus Indien und heirateten sehr früh. Kartari war erst zwölf Jahre alt und Karam 19. Das war früher in Indien so üblich. Ein amerikanischer Bauer, der zwischen 1759 und 1869 lebte, soll sogar noch länger mit seiner Frau verheiratet gewesen sein, nämlich 91 Jahre und zwölf Tage. Wenn es stimmt, was er erzählt, war er bei seiner Hochzeit auch erst zwölf und seine Frau 14 Jahre alt.

RUND UM DEN MENSCHEN

Der größte Mensch

Kannst du dir einen Zehnjährigen vorstellen, der zwei Meter groß ist? In den USA gab es einen solchen Jungen. Er hieß Robert Wadlow (1918–1940) und ist der größte Mensch, den man kennt. Als Erwachsener war er unvorstellbare 2,72 Meter groß. Das lag daran, dass er einen Tumor an der Hypophyse hatte. Die Hypophyse ist ein winzig kleiner Knubbel in unserem Gehirn. Sie produziert Stoffe, die den Körper wachsen lassen. Bei Robert waren es wegen des Tumors viel zu viele. Deswegen wurde er so groß. Weil unser Körper aber eigentlich für so eine Größe nicht gebaut ist, sterben extrem große Menschen oft früh. Robert wurde nur 22 Jahre alt. Trintje Keever (1616–1633) aus den Niederlanden, die mit 2,55 Metern die größte Frau aller Zeiten war, starb sogar mit nur 17 Jahren. Aber keine Sorge, wenn du jemanden kennst, der nur ein bisschen über zwei Meter groß ist: Das ist noch kein Riesenwuchs.

Der kleinste Mensch

Frag doch mal deine Eltern, wie groß du bei deiner Geburt warst. Manche Babys sind bei der Geburt schon so groß wie Chandra Bahadur Dangi, der kleinste Mann der Welt, als Erwachsener: nämlich 54,6 Zentimeter. Er wurde im Jahr 1939 in einem armen Dorf in Nepal geboren und lebte dort als Mützenmacher. Erst im Alter von 72 Jahren wurde er international bekannt. Dadurch bekam er die Gelegenheit, Reisen zu unternehmen, was er sich immer gewünscht hatte. 2015 starb er auf einer Reise durch die Südsee.

Der größte und der kleinste Mensch

RUND UM DEN MENSCHEN

Der schwerste Mensch

Mehr als 635 Kilogramm soll der US-Amerikaner John Minnoch (1941–1983) gewogen haben. Genau weiß man es nicht, weil sein Gewicht nur geschätzt, nicht gewogen wurde. Minnoch litt an einer Krankheit, bei der der Körper besonders viel Wasser speichert. Er war also gar nicht fett, sondern mit Wasser gefüllt. Aber aufgrund seines Gewichts bekam er jede Menge andere Krankheiten. Dabei nahm er zwischenzeitlich etwa 400 Kilo ab. Aber danach begann sein Körper wieder Wasser zu speichern. Schlimm, was?

Mithilfe einer Waage kannst du dein Gewicht überprüfen.

Das leichteste Baby

Nur 260 Gramm – das ist etwas mehr als ein Stück Butter – wog die kleine Rumaisa, die im Jahr 2004 in Chicago in den USA geboren wurde. Trotzdem überlebte sie und wuchs zu einem gesunden Mädchen heran. Während eine normale Schwangerschaft in der Regel neun Monate (oder 40 Wochen) dauert, wurde Rumaisa nach nicht einmal 26 Wochen geboren. Es gibt sogar zwei Kinder, die schon nach 21 Wochen und fünf Tagen geboren wurden und auch überlebt haben. Sie wogen aber fast doppelt so viel wie Rumaisa. Die war besonders klein, weil sie ein Zwilling war. Ihre Schwester Hiba war bei der Geburt 580 Gramm schwer.

Die Zwillinge Hiba und Rumaisa mit ihren Eltern

RUND UM DEN MENSCHEN

Die meisten Geschwister

Vielleicht hast du schon davon gehört, dass Männer – vor allem Könige – früher in manchen Gegenden der Welt sich mehrere Frauen auf einmal nehmen durften. Manche von ihnen sollen Hunderte von Kindern gehabt haben. Von dem Mongolenherrscher Dschingis Khan (um 1155–1227) heißt es, er habe sogar über 1000 Kinder gehabt. Eine Frau kann natürlich nicht so viele Kinder zur Welt bringen. Aber im 18. Jahrhundert berichteten Zeitschriften von einer russischen Bäuerin, die angeblich 69 Kinder geboren hatte: viermal Vierlinge, siebenmal Drillinge und 16-mal Zwillinge.

Dschingis Khan

Die meisten Mehrlinge

Was Zwillinge sind, weißt du bestimmt. Aber es gibt auch Drillinge, Vierlinge, Fünflinge und so weiter. Es soll sogar schon Geburten mit Zehnlingen gegeben haben. Sicher bewiesen sind aber nur Neunlinge. Doch so viele Kinder haben nicht genug Platz im Bauch ihrer Mutter. Diese waren so klein und leicht, dass sie alle kurz nach der Geburt starben. Dagegen haben in den USA schon zweimal Achtlinge überlebt.

Drillinge

Rund um den Menschen

Die älteste Mutter

Ungefähr mit 50 Jahren hört der Körper der meisten Frauen auf, Eizellen zu produzieren, die befruchtet werden können. Sie können dann keine Kinder mehr bekommen. Nur in ganz seltenen Ausnahmen werden ältere Frauen noch schwanger. So berichtete im Jahr 1887 eine englische Medizinzeitschrift von einer Frau, die 62 Jahre alt war und auf natürliche Weise Drillinge bekam. Heute aber lassen sich Frauen, die keine Kinder bekommen können, manchmal eine befruchtete Eizelle einpflanzen. In Indien gibt es zwei Frauen, die auf diese Weise mit 70 Jahren noch Mutter wurden. Das Risiko, dass es in der Schwangerschaft Probleme gibt, ist bei so alten Müttern jedoch sehr hoch. Und wer möchte mit zehn Jahren eine achtzigjährige Mutter haben?

Die italienische Sängerin Gianna Nannini wurde mit 56 Jahren Mutter.

Der schwerste Körperbestandteil

Was glaubst du, welcher Stoff in unserem Körper am meisten vorkommt? Es ist Wasser. Es macht mehr als die Hälfte unseres Körpergewichts aus. Unser Blut besteht sogar zu etwa 90 Prozent aus Wasser. Aber auch in unseren Muskeln, in den Knochen oder im Fett ist überall Wasser eingelagert. Über das Körperwasser werden wichtige Stoffe wie Nährstoffe transportiert. Bestimmt verstehst du jetzt, warum Menschen viel länger ohne Essen als ohne Trinken überleben können.

RUND UM DEN MENSCHEN

Die längsten Haare

Du denkst bestimmt, dass eine Frau die längsten Haare der Welt hatte? Dann hast du noch nicht von Tran Van Hay (1931–2010) gehört. Der Kräuterexperte aus Vietnam ist nie in seinem Leben zum Friseur gegangen. Als er 2010 im Alter von 79 Jahren starb, waren seine Haare sechs Meter und 80 Zentimeter lang. Sie waren verfilzt und sahen wie eine dicke, braune Wollschlange aus. Tran Van Hay wickelte diese Schlange entweder um seinen Körper oder band sie mit einem großen Tuch um seinen Kopf.

Der längste Bart

Hans Langseth (1846–1927) war ein Norweger, der in die USA auswanderte und dort als Farmer lebte. Angeblich wettete er eines Tages mit seinem Nachbarn, wer sich über den Winter den längsten Bart wachsen lassen könne. Langseth gewann und ließ sich seinen Bart immer weiter wachsen. Schließlich war dieser 5,33 Meter lang. Eine Weile zog Langseth mit einer Art Zirkustruppe herum und ließ seinen Bart gegen Geld bestaunen. Dann war er es irgendwann leid. Er ließ sich seinen Bart kurz schneiden. Nur zwei Strähnen blieben lang. Nach seinem Tod schnitten seine Angehörigen diese Strähnen ab und hoben sie als Beweis auf.

RUND UM DEN MENSCHEN

Der größte Knochen

Ein Baby wird mit ungefähr 300 bis 350 Knochen geboren. Einige davon wachsen im Laufe der Zeit zusammen, sodass bei einem Erwachsenen noch etwas über 200 Knochen bleiben. Der größte davon ist der Oberschenkelknochen, der von der Hüfte bis zum Knie reicht. Seine Länge hängt von der Größe des Menschen ab. Bei einem normal großen Mann ist er etwa einen halben Meter lang. Der Oberschenkelknochen ist auch ein sehr starker Knochen. Schließlich muss er das ganze Gewicht des Körpers tragen. Im Unterschenkel dagegen teilen sich zwei Knochen die Last: das Schienbein und das Wadenbein.

Der Oberschenkelknochen

Der kleinste Knochen

Amboss
Hammer
Steigbügel

Vielleicht hast du schon von ihnen gehört: Im Ohr eines Menschen gibt es drei kleine Knöchelchen. Sie heißen Hammer, Amboss und Steigbügel, weil ihre Form diesen Gegenständen ähnelt. Der kleinste Knochen ist der Steigbügel. Er ist nur drei Millimeter lang. Wenn wir Töne hören, bringen die Schallwellen der Luft erst unser Trommelfell in Schwingung. Von dort übertragen sich die Schwingungen auf den Hammer, von diesem auf den Amboss und dann auf den Steigbügel. Der Steigbügel schließlich bringt eine Flüssigkeit in der Gehörschnecke zum Schwingen und von dort wandert der Schall über den Hörnerv ins Gehirn. Die drei Knochen müssen also so klein sein, damit sie im Ohr schwingen können.

RUND UM DEN MENSCHEN

Der stärkste Muskel

Manche Menschen geben ja gern mit ihren „Muckis" an. Aber eigentlich hat jeder Mensch gleich viele Muskeln, nämlich 656. Nur sind sie bei dem einen Menschen besser trainiert, bei dem anderen schlechter. Allerdings dient der stärkste Muskel gar nicht zum Zuschlagen, sondern zum Zubeißen. Es ist nämlich einer der vier Kaumuskeln. Sein wissenschaftlicher Name lautet *Musculus masseter*. Wenn du damit etwas kaust, dann übst du auf die Nahrung zwischen deinen Zähnen genauso viel Druck aus, wie ein 80-Kilogramm-Gewicht es tun würde. Das ist wirklich ganz schön stark, oder?

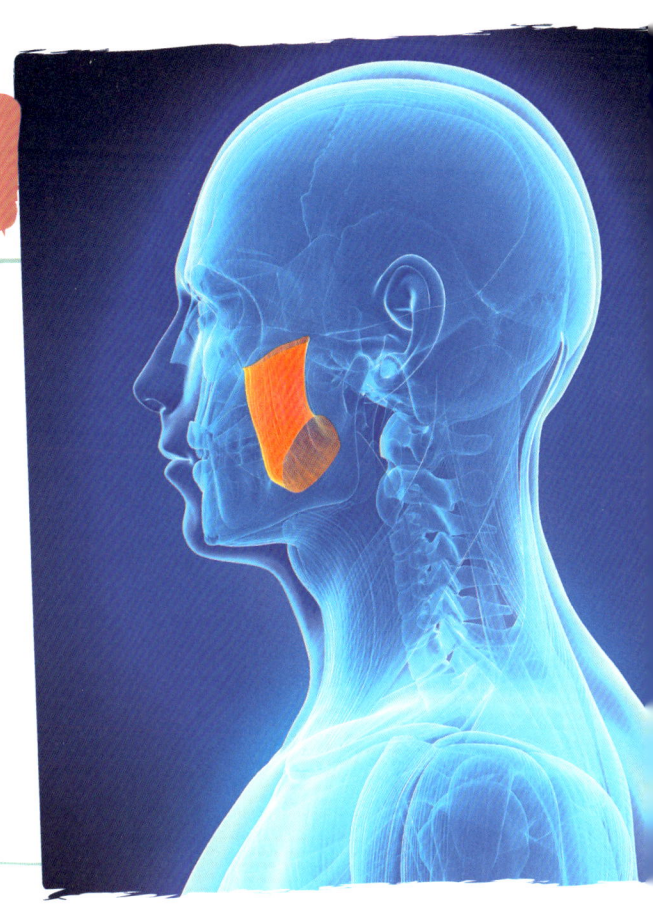

Der fleißigste Muskel

Du merkst es vielleicht nicht, aber dein Blick flitzt ständig hin und her. Dafür müssen die Augenmuskeln mehrmals pro Sekunde den Augapfel in eine andere Richtung drehen. Auch wenn wir schlafen, bewegen sich unsere Augen noch. Die Augenmuskeln sind damit die aktivsten Muskeln von allen. Aber auch unser Herz ist ein Muskel, der ständig am Arbeiten ist. Im Gegensatz zu den Augenmuskeln ist seine Arbeit sogar lebenswichtig. Aber normalerweise schlägt das Herz nur ein- bis zweimal pro Sekunde, also nicht so oft, wie die Augen sich bewegen.

SPEZIAL

Der menschliche Körper

Unser Körper ist für uns eigentlich etwas ganz Normales. Aber wenn man sich einmal genau anschaut, wie er funktioniert, dann entpuppt er sich als reinstes Wunderwerk.

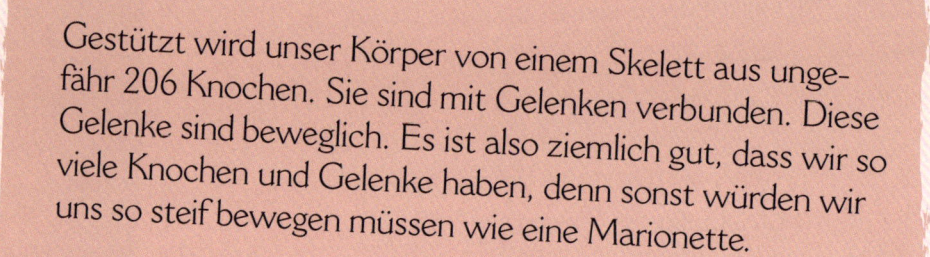

Gestützt wird unser Körper von einem Skelett aus ungefähr 206 Knochen. Sie sind mit Gelenken verbunden. Diese Gelenke sind beweglich. Es ist also ziemlich gut, dass wir so viele Knochen und Gelenke haben, denn sonst würden wir uns so steif bewegen müssen wie eine Marionette.

Ausgeführt werden die Bewegungen durch 656 Muskeln, die mit Sehnen an Knochen und Gelenken befestigt sind. Wenn unser Gehirn ihnen einen Befehl gibt, strecken sie sich oder ziehen sich zusammen. An den meisten Bewegungen sind mehrere Muskeln beteiligt. Um diese Befehle geben zu können, ist unser Gehirn durch Nervenfasern mit ihnen verbunden. Du musst sie dir ein bisschen wie Telefonleitungen vorstellen, durch die Signale gesendet werden.

Auch unsere Sinnesorgane sind über Nerven mit dem Gehirn verbunden, um ihm zu melden, was wir fühlen, sehen, hören, schmecken und riechen. Allein in unserem Gehirn befinden sich mehrere Milliarden Nervenzellen und noch einmal so viele im Rückenmark, also im Inneren der Wirbelsäule.

SPEZIAL

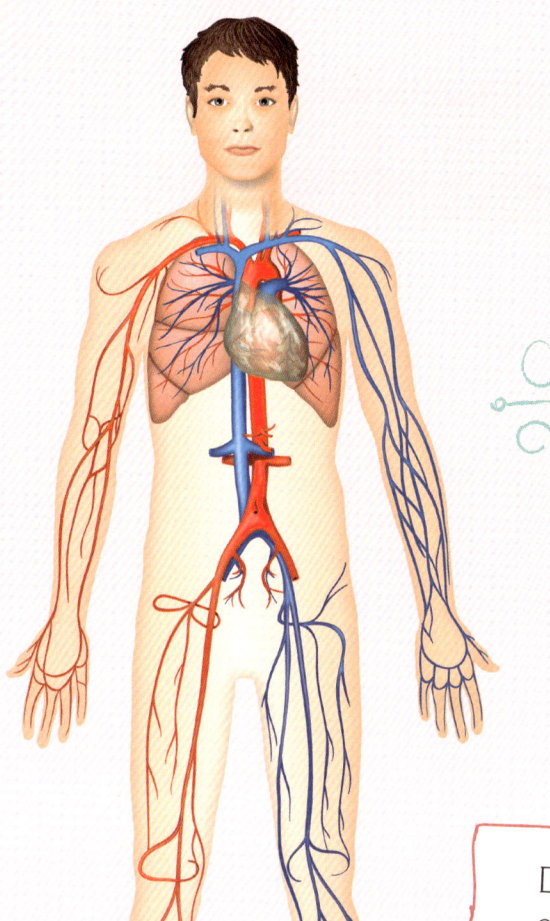

Aber nicht nur die Nerven, sondern unser ganzer Körper – also Knochen, Muskeln, Organe und so weiter – sind aus winzig kleinen Bausteinen, den Zellen, zusammengesetzt. Ein erwachsener Mensch hat mehrere Billionen solcher Zellen. Im Inneren dieser Bausteine befindet sich eine Art kleine Fabrik, die Stoffe verarbeitet und so dafür sorgt, dass die Zelle lebt und richtig funktioniert.

Die Stoffe, die sie dazu braucht, wie Sauerstoff oder Zucker, werden durch das Blut zu ihr gebracht. Damit das Blut überall hinkommt, muss unser Herz die ganze Zeit über pumpen. Wenn es einmal aufhört, hört auch der Blutkreislauf auf. Dann werden die Zellen nicht mehr versorgt und der Mensch stirbt.

Wie aber kommen die wichtigen Stoffe ins Blut? Die meisten stammen aus unserer Nahrung. Auf dem Weg durch den Magen in den Darm wird diese so verdaut, dass einzelne Nährstoffe durch die Darmwand ins Blut gelangen können. Auch die Haut in unseren Lungen lässt Sauerstoff ins Blut durch. Jeder Atemzug, jeder Schluck Wasser und jeder Bissen Nahrung dient also dazu, mehrere Billionen winzige Zell-Kraftwerke am Laufen zu halten.

RUND UM DEN MENSCHEN

Das größte Sinnesorgan

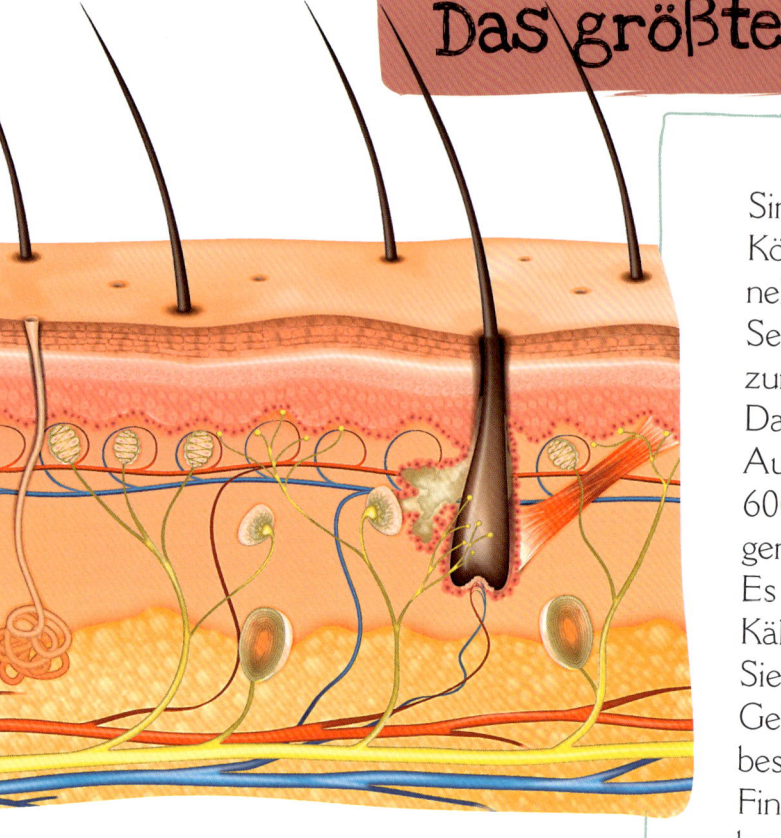

Sinnesorgane sind bestimmte Teile unseres Körpers, mit denen wir unsere Umwelt wahrnehmen können. Die Augen dienen zum Sehen, die Nase zum Riechen, die Zunge zum Schmecken und die Ohren zum Hören. Das größte Sinnesorgan aber ist unsere Haut. Auf ihr befinden sich zwischen 300 und 600 Millionen Punkte, die Sinnesrezeptoren genannt werden. Mit ihnen kann man fühlen. Es gibt spezielle Rezeptoren, die Wärme oder Kälte spüren oder Schmerz oder Berührungen. Sie melden ihre Wahrnehmung dann an das Gehirn weiter. Mit Körperteilen, auf denen besonders viele Rezeptoren sitzen, wie den Fingerspitzen oder den Lippen, kann man besonders fein fühlen.

Die meisten Bakterien

Weißt du, dass du ständig eine Riesenzahl an anderen Lebewesen mit dir herumträgst? Wir Menschen werden nämlich von einer Unmenge von Bakterien, Pilzen und anderen Mikroorganismen „bewohnt". Bei einem Erwachsenen sind es etwa 100 Billionen. Das klingt erst mal eklig, ist aber überlebensnotwendig. Denn „unsere" Bakterien schützen uns vor dem Angriff fremder Bakterien. Ohne sie würden wir viel schneller und schwerer erkranken. Viele dieser Bakterien befinden sich auf unserer Haut, die meisten aber im Darm. Wir brauchen sie für die Verdauung unserer Nahrung.

RUND UM DEN MENSCHEN

Die meisten Zähne

Ein Mensch hat normalerweise 32 Zähne. Im Mund von Kindern ist dafür aber noch kein Platz. Deswegen haben sie erst einmal 20 Milchzähne, die mit etwa sechs Jahren ausfallen. Es wachsen zunächst 28 Zähne nach und später meistens noch einmal vier – die Weisheitszähne. Das ist von der Natur so geregelt. In seltenen Fällen bekommen Menschen aber auch mehr Zähne. Die überzähligen müssen dann vom Zahnarzt gezogen werden, weil kein Platz für sie ist. Ganz schlimm erging es einem indischen Jungen. Er hatte eine starke Kieferschwellung und die Ärzte fanden darin 232 winzige überzählige Zähne. Kannst du dir das vorstellen?

Die Milchzähne fallen nacheinander aus.

Die längste Zeit ohne Schlaf

Was war die längste Zeit, die du bisher wach geblieben bist? Bestimmt keine elf Tage und Nächte. So lange ist im Jahr 2007 ein Mann aus Cornwall in England namens Tony Wright (geboren 1964) wach geblieben. Wright lebt besonders gesund und ernährt sich nur von rohem Obst, Gemüse und Salat. Mit seinem langen Wachbleiben wollte er beweisen, dass er tatsächlich fitter als andere Menschen ist. Normalerweise ist es nämlich gefährlich, mehrere Tage hintereinander nicht zu schlafen. Die meisten Menschen werden krank davon, sehen plötzlich Dinge, die es gar nicht gibt, und können ihren Körper nicht mehr richtig kontrollieren.

Im Schlaf erholt sich der Körper von den Anstrengungen des Tages.

RUND UM DEN MENSCHEN

Das längste Koma

Bist du schon einmal in Ohnmacht gefallen? Meistens geht dieser Zustand schnell wieder vorbei. Aber ein bisschen unheimlich ist es schon, so plötzlich das Bewusstsein verloren zu haben. Wenn Menschen lange Zeit ohne Bewusstsein sind und es nicht gelingt, sie zu wecken, dann nennt man das Koma. Manche Menschen liegen lange Zeit im Koma und sterben irgendwann. Es gibt jedoch auch Menschen, die nach vielen Jahren im Koma wieder aufgewacht sind. Zwei Männer, ein Amerikaner und ein Pole, kamen nach 19 Jahren wieder zu Bewusstsein. Versuch dir mal vorzustellen, was in dieser Zeit alles passiert ist!

Die häufigste Todesursache

Die meisten Menschen sterben in den entwickelten Ländern an Herzkrankheiten, etwa einem Herzinfarkt. Am zweitgefährlichsten sind Schlaganfälle. Dabei wird das Gehirn nicht genügend mit Blut versorgt. Auf Platz drei kommen Lungenkrankheiten wie etwa eine Lungenentzündung. Aber während Herzinfarkte und Schlaganfälle auch in entwickelten Ländern häufig sind, sterben nur sehr wenige Menschen an einer Lungenentzündung, weil es gute Medikamente gibt. In vielen armen Ländern dagegen ist Lungenentzündung eine häufige Todesursache. Die Menschen werden krank, weil sie unterernährt sind und sich ihr Körper nicht gegen die Keime wehren kann. Außerdem können sie keine teure Medizin kaufen.

Herzinfarkt ist in Industriestaaten die Todesursache Nummer 1.

Rund um den Menschen

Die höchste Lebenserwartung

Frauen werden mit durchschnittlich 87 Jahren in Japan am ältesten. Männer leben in Island am längsten, und zwar im Durchschnitt 81 Jahre. In Deutschland werden Frauen im Durchschnitt 83 Jahre, Männer 78 Jahre und neun Monate. Das ist auch noch ziemlich viel. In Afrika dagegen, wo bereits viele Kinder an Hunger und Krankheit sterben, ist die Lebenserwartung viel niedriger. Ganz schlimm ist es in Sierra Leone. Dort werden Menschen im Schnitt nur 46 Jahre alt. Bis zum Jahr 2002 herrschte dort ein schrecklicher Bürgerkrieg. Und 2014 starben viele Menschen an der Krankheit Ebola, von der du vielleicht in den Nachrichten gehört hast.

Die größte Bevölkerungsdichte

Ein Quadratkilometer ist eine Fläche, die einen Kilometer lang und einen Kilometer breit ist. In Monaco leben auf einer solchen Fläche mehr als 18.000 Menschen. Ganz schön eng, oder? In ganz Deutschland sind es nur 226 Einwohner pro Quadratkilometer. Aber das liegt daran, dass Monaco eigentlich kein richtiges Land ist, sondern ein Staat, der fast nur aus einer großen Stadt besteht. Städte aber sind oft noch viel dichter besiedelt als Monaco. Am meisten Platz haben die Menschen dagegen in der Mongolei. Außerhalb der Städte hat hier eine Familie oft viele Quadratkilometer ganz für sich allein.

RUND UM DEN MENSCHEN

Die größte Bevölkerung

Die meisten Menschen der Welt leben in China. Es sind knapp 1,4 Milliarden. Auch Indien hat schon mehr als 1,3 Milliarden Menschen. Insgesamt gibt es etwas mehr als 7,3 Milliarden Menschen. In ganz Europa leben nur 510 Millionen oder 0,51 Milliarden Menschen. In Deutschland sind es 81 Millionen oder 0,081 Milliarden.

Das ärmste Land

Die Zentralafrikanische Republik ist das ärmste Land der Welt. Jedenfalls verdienen die Menschen dort am wenigsten. Viele müssen mit etwa einem Euro pro Tag auskommen. Kannst du dir das vorstellen? Aber wenn man nicht nur aufs Geld schaut, sondern auch darauf, wie gesund die Menschen sind oder ob Kinder in die Schule gehen können, dann geht es wahrscheinlich den Menschen in Niger am allerschlechtesten. Auf jeden Fall ist Afrika der ärmste Kontinent: Die 17 allerärmsten Länder der Welt sind dort zu finden. Erst danach kommen das ärmste Land in Asien, nämlich Afghanistan, und das ärmste Land in Amerika, Haiti. In Europa sind die Menschen im Kosovo, in Moldawien und in der Ukraine am ärmsten.

RUND UM DEN MENSCHEN

Das reichste Land

Hast du schon mal von Katar gehört? Das ist ein kleines Land an der Ostküste der Arabischen Halbinsel. Es wird von einem Scheich regiert, der aus der Herrscherfamilie Al Thani stammt. Katar besteht fast nur aus Wüste, hat aber viel Erdöl und Erdgas. Jeder Einwohner verdient hier im Durchschnitt etwa 100.000 US-Dollar im Jahr. Dabei sind Personen, die keinen Beruf haben, wie Kinder, Rentner oder Hausfrauen, schon eingerechnet. Deutschland steht mit einem Durchschnittseinkommen von 40.000 US-Dollar auf Platz 15. Aber weil die Menschen in Katar zum Beispiel nicht mitbestimmen dürfen, gilt die allgemeine Lebensqualität in Ländern wie Deutschland als besser.

Der reichste Mensch

Kannst du dir vorstellen, dass ein einzelner Mensch 75 Milliarden US-Dollar hat? Der US-Amerikaner Bill Gates (geboren 1955), dem die berühmte Computerfirma Microsoft gehört, ist so reich. Seine größten Konkurrenten sind der Mexikaner Carlos Slim Helú (geboren 1940), dem einige Telefonfirmen gehören, sowie Amancio Ortega (geboren 1936), der Chef einer spanischen Bekleidungskette. Die Herrscher von Saudi-Arabien oder Brunei sind möglicherweise noch reicher. Aber sie verraten nicht, wie viel Geld sie haben.

Bill Gates

RUND UM DEN MENSCHEN

Der klügste Mensch

Kennst du Intelligenztests? Damit wird versucht zu messen, wie klug jemand ist. Wer dabei einen Intelligenzquotienten von mehr als 130 erzielt, gilt als hochbegabt. Der Mensch mit dem derzeit höchsten bekannten Intelligenzquotienten von 230 ist ein australischer Mathematikprofessor, der schon als Kind die schwersten Mathe-Probleme löste. Noch schlauer soll der US-Amerikaner William James Sidis (1898–1944) gewesen sein, allerdings hatte er nie einen IQ-Test gemacht. Er konnte schon mit vier Jahren Bücher in Fremdsprachen lesen, begann mit elf Jahren zu studieren und entwickelte als Erster eine Theorie über Schwarze Löcher. Aber er wurde nicht glücklich, weil sich viele über ihn lustig machten oder aus seiner Begabung Gewinn schlagen wollten.

Terence Tao, der Mensch mit dem höchsten Intelligenzquotienten

Der erfolgreichste Erfinder

Der australische Wissenschaftler Kia Silverbrook (geboren 1958) besitzt über 4700 Patente. Ein Patent bekommt man, wenn man eine Erfindung gemacht und angemeldet hat. Mehr Patente als Silverbrook hatte noch kein Mensch. Er hat sich vor allem mit Computern und der elektronischen Wiedergabe von Musik beschäftigt und dort viele Dinge verbessert. Der berühmte Erfinder Thomas Alva Edison (1847–1931) dagegen hatte nur etwas mehr als 1000 Patente. Aber er hat zum Beispiel die elektrische Beleuchtung, das erste Gerät zum Aufnehmen und Abspielen von Tönen und auch den ersten Filmprojektor erfunden. Weil er so viele so wichtige Dinge erfunden hat, ist für die meisten Leute immer noch Edison der „König der Erfinder".

Der „König der Erfinder" Thomas Alva Edison

RUND UM DEN MENSCHEN

Der jüngste Nobelpreisträger

17 Jahre war Malala Yousafzai (geboren 1997) aus Pakistan erst alt, als sie im Jahr 2014 den Friedensnobelpreis bekam. Vielleicht hast du von ihr gehört. Sie wurde von Terroristen in den Kopf geschossen und überlebte wie durch ein Wunder. Aber natürlich hat sie nicht dafür den Nobelpreis bekommen, sondern weil sie sich dafür einsetzte, dass alle Kinder, auch Mädchen, in die Schule gehen dürfen. Auf ihrer Internetseite berichtete sie, wie Terroristen in ihrer Heimat versuchten, Mädchen am Schulbesuch zu hindern. Dafür hat sie auch vor dem Attentat schon Preise bekommen.

Die am meisten gesprochene Sprache

Kannst du schon ein bisschen Englisch? Das ist gut, denn Englisch ist die Sprache, die die meisten Menschen auf der Welt sprechen. Du kannst dich damit im Ausland also gut verständigen. Zwar gibt es mehr Chinesen als Engländer und Amerikaner auf der Welt. Deshalb haben auch eine größere Anzahl an Menschen Chinesisch als Muttersprache und weniger Englisch. Doch es gibt mehr Menschen auf der Welt, die Englisch als Zweitsprache erworben haben, während nur ganz wenige Ausländer Chinesisch lernen.

RUND UM DEN MENSCHEN

Der gefährlichste Beruf

Genau kann man natürlich nicht sagen, welcher Beruf auf der Welt am gefährlichsten ist. Schließlich führt niemand eine Strichliste. Aber Versicherungen kennen sich ziemlich gut mit Gefahren aus. Denn je gefährlicher eine Sache ist, desto mehr Geld kostet eine Versicherung. Und hier meint eine britische Versicherung, dass Fensterputzer noch gefährlicher als Soldaten oder Feuerwehrleute leben. Das liegt daran, dass in armen Ländern Fensterputzer meistens nicht richtig gesichert werden, wenn sie die Fenster von Hochhäusern putzen.

Die größte Höhe

Welcher Mensch hat sich jemals in der größten Höhe über dem Meeresspiegel befunden? Es war natürlich ein Astronaut. Aber welcher? Heute fliegen Astronauten meist zur Raumstation ISS, die sich etwa 400 Kilometer über der Erde befindet. Da waren die Astronauten, die auf dem Mond landeten, viel weiter weg. Denn der Mond befindet sich rund 384.000 Kilometer von der Erde entfernt. Am höchsten hinaus kamen aber die drei Astronauten der Apollo-13-Mission: Jim Lovell (geboren 1928), Jack Swigert (1931–1982) und Fred Haise (geboren 1933). Weil einer ihrer Sauerstofftanks explodierte, konnten sie nicht auf dem Mond landen. Nur dank ziemlich komplizierter technischer Manöver kamen sie überhaupt wieder lebend zurück. Vorher aber erreichten sie eine Entfernung von 401.056 Kilometern von der Erde.

Die Astronauten der Apollo-13-Mission: Jim Lovell, Jack Swigert, Fred Haise

RUND UM DEN MENSCHEN

Der älteste Astronaut

77 Jahre alt war John Glenn (geboren 1921), als er im November 1998 mit dem Spaceshuttle ins All flog. Es war nicht sein erster Flug. Glenn war einer der ersten Astronauten überhaupt. 1962 umkreiste er als erster US-Amerikaner dreimal die Erde. Danach ging er in die Politik. Doch dann wollte die US-amerikanische Weltraumbehörde NASA ausprobieren, wie sich Schwerelosigkeit auf alte Menschen auswirkt. Glenn eignete sich besonders gut für die Tests, weil man die Ergebnisse mit seinem früheren Flug vergleichen konnte.

Die längste Zeit im All

1961 flog der Russe Juri Gagarin (1934–1968) als erster Mensch ins All. Er umrundete einmal die Erde und kam nach einer Stunde 48 Minuten heil wieder zurück. Sicher hätte er es sich nicht träumen lassen, dass Menschen einmal monatelang im All bleiben würden. 1994 bis 1995 lebte der Russe Waleri Poljakow (geboren 1942) ein Jahr und 72 Tage auf der Raumstation Mir. Gennadi Padalka (geboren 1958) verbrachte sogar 878 Tage seines Lebens im All. Er hat bisher an fünf Raumfahrtmissionen teilgenommen. Padalka hat drei Töchter. Wie fändest du es, wenn dein Vater oder deine Mutter so lange im Weltraum wären?

Gennadi Padalka

49

SPORT & HOBBY

Der schnellste Mensch

Wer am schnellsten laufen kann, wird beim 100-Meter-Lauf ermittelt. Den Weltrekord hält derzeit der Läufer Usain Bolt (geboren 1986) aus Jamaika. Am 16. August 2009 lief er in Berlin die 100 Meter in 9,58 Sekunden. Das sind über 37 Stundenkilometer! Aber natürlich kann ein Mensch eine solche Geschwindigkeit nur über kurze Zeit durchhalten. Schon beim 400-Meter-Lauf beträgt die Spitzengeschwindigkeit nur noch 32 Stundenkilometer.

Das längste Rennen

4989 Kilometer müssen die Teilnehmer beim 3100-Mile-Race von New York zurücklegen. Damit ist es das längste Rennen, das Menschen zu Fuß bewältigen. Die Teilnehmer könnten dabei die ganzen USA durchqueren. Aber sie laufen immer nur um denselben Straßenblock in New York. Verrückt, was? Bisher haben auch nur 37 Läufer dieses Rennen geschafft. Der Rekordhalter Madhupran Wolfgang Schwerk (geboren 1955) aus Deutschland brauchte 2006 41 Tage und acht Stunden dafür. Natürlich nicht ohne Pause. Die Läufer beginnen jeden Tag um sechs Uhr früh mit dem Laufen und gehen um Mitternacht für ein paar Stunden schlafen. Kannst du dir das vorstellen?

SPORT & HOBBY

Der schnellste Eisläufer

Gute Eisläufer können schneller rennen als Menschen zu Fuß. Weißt du, woran das liegt? Bei jedem Aufsetzen auf dem Boden wird der Fuß ein bisschen gebremst. Beim Aufsetzen der dünnen Schlittschuhkufen auf dem glatten Eis gibt es dagegen fast gar kein Bremsen. Aber es dauert länger, um auf Schlittschuhen die Höchstgeschwindigkeit zu erreichen. Deshalb werden Eisschnellläufer über 1000 Meter am schnellsten. Bei seinem Rekordlauf im Jahr 2009 war der Weltrekordhalter Shani Davis (geboren 1983) aus den USA über 54 Stundenkilometer schnell.

Shani Davis ist der schnellste Eisläufer.

Der schnellste Schwimmer

Sicher hast du diese Erfahrung auch schon gemacht: Schwimmer werden durch das Wasser gebremst und sind deshalb langsamer als Läufer. Dafür können sie sehr schnell das Höchsttempo erreichen. Daher sind Schwimmer auf einer kurzen Strecke wie einer 25-Meter-Bahn am schnellsten. Die besten Schwimmer brauchen dazu nur wenig über zehn Sekunden. Damit sind sie fast viermal langsamer als die besten Läufer und erreichen nur knapp acht Stundenkilometer. Du könntest also leicht neben einem Schwimm-Weltrekordler herlaufen.

Wie schnell schwimmst du?

SPORT & HOBBY

Der weiteste Sprung

Auf wie viele Meter kommst du beim Weitsprung? Bis zum 18. Oktober 1968 lag der Weltrekord bei 8,35 Metern. Das ist schon ganz schön weit, oder? Doch dann kam der US-Amerikaner Bob Beamon (geboren 1946) und sprang bei den Olympischen Spielen in Mexiko 8,9 Meter. Das war eine Riesensensation. Einen sportlichen Rekord, der so viel höher als der alte lag, hatte es noch nie gegeben. Es dauerte auch 23 Jahre, bis ein anderer US-Amerikaner, Mike Powell (geboren 1963), den Weitsprung-Weltrekord im Jahr 1991 auf 8,95 Meter verbesserte. Jetzt warten alle darauf, wie lange es dauert, bis ein Mensch weiter als neun Meter springt.

Wie weit springst du?

Der höchste Sprung

Der Weltrekord im Hochsprung liegt zurzeit bei 2,45 Metern. Er wurde im Jahr 1993 von dem kubanischen Springer Javier Sotomayor (geboren 1967) aufgestellt. Aber wie gelingt es überhaupt, dass Menschen so hoch springen konnten? Aus dem Stand liegt der Weltrekord nur bei 1,68 Metern. Dieser Rekord wurde 1936 aufgestellt, seither gibt es keine offiziellen Standhochsprung-Wettbewerbe mehr. Mit Anlauf kommt man schon höher. Im Laufe der Zeit probierten die Sportler immer neue Techniken aus. 1968 führte der US-Amerikaner Dick Fosbury (geboren 1947) dann eine ziemlich komplizierte Technik vor, bei der er rückwärts über die Latte sprang. Das wirkte erst komisch, doch inzwischen nutzen alle Spitzenspringer diese Technik, die Fosbury-Flop genannt wird.

Javier Sotomayor hält bis heute den Rekord im Hochsprung.

SPORT & HOBBY

Der Hochsprungrekord bei Pferden

Was glaubst du: Springen Pferde oder Menschen höher? Noch haben Pferde ganz knapp die Nase vorn. Im Jahr 1949 sprang der 16-jährige Vollbluthengst Huaso mit seinem Reiter Alberto Larraguibel (1919–1995), einem chilenischen Offizier, über 2,47 Meter. Im Internet sind Videos zu finden, die zeigen, was für ein unglaublicher Satz das ist. Heute werden keine Pferde mehr auf solche Höhen trainiert, weil man das für Tierquälerei hält. Wahrscheinlich wird es deshalb ein Mensch und kein Pferd sein, der als Erster 2,47 Meter überspringt.

Der weiteste Skisprung

Skispringer müssen ganz schön mutig sein, oder? Das gilt besonders für das Skifliegen. Skifliegen ist im Prinzip das Gleiche wie Skispringen. Doch es findet auf besonders großen Schanzen statt, auf denen Weiten über 200 Meter möglich sind. Der Weltrekord liegt derzeit bei 251,5 Metern. Er wurde von dem Norweger Anders Fannemel (geboren 1991) 2015 auf der Skiflugschanze von Vikersund aufgestellt. Die norwegische Schanze ist nicht nur die größte der Welt, sondern hat auch den steilsten Anlauf. So werden die Springer besonders schnell. Aber natürlich braucht es auch besonders viel Mut, sich da herunterzuwagen.

Würdest du dich auch trauen, mit Skiern von einer Schanze zu springen?

SPORT & HOBBY

Der weiteste Wurf

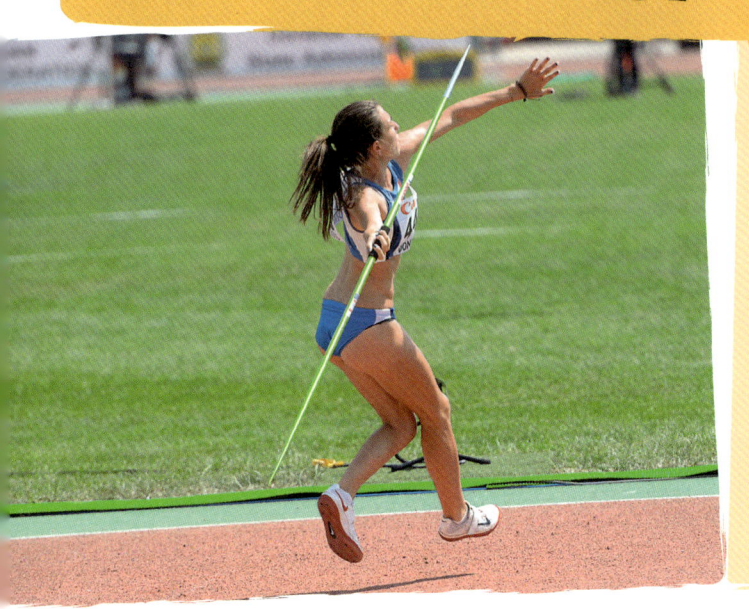

Beim Werfen kommt es ganz entscheidend darauf an, mit was man wirft. Denn manche Gegenstände fliegen besser als andere. Besonders gut fliegen Speere. 1984 lag der Weltrekord bei 104,8 Metern. Doch dann hat man aus Sicherheitsgründen andere Speere eingeführt, die nicht so gut fliegen. Für diese Speere liegt der Weltrekord nur bei 98,48 Metern. Mit einem leichten Lederball liegen die Wurfrekorde bei ungefähr 103 Metern. Aber sie sind nicht offiziell, weil es keinen Ballweitwurf-Wettbewerb für Erwachsene gibt. Dabei werden sogar Weltmeisterschaften im Handy-Weitwurf abgehalten. Hier liegt der Rekord bei 110,42 Metern. Das ist mehr, als bei irgendwelchen olympischen Wurfdisziplinen erreicht wird. Witzig, was?

Der stärkste Mensch

Kraft wird beim Gewichtheben gemessen. Der stärkste Gewichtheber war der Weißrusse Leonid Taranenko (geboren 1956), der in Australien im Jahr 1988 eine Hantel mit 266 Kilogramm stemmte. Überleg dir mal, wie viele Kinder mit deinem Gewicht das wären! Offiziell wird dieser Rekord, wie auch einige andere Rekorde der Gewichtheber, inzwischen nicht mehr anerkannt, da die Gewichtsklassen geändert wurden. Demnach wäre der Russe Aleksei Lovchev (geboren 1989) mit 264 Kilogramm der stärkste Mann der Welt. Tatsächlich hat aber natürlich Taranenko mehr gestemmt.

SPORT & HOBBY

Der schnellste Fahrradfahrer

Fred Rompelberg bei seinem Weltrekord

Bist du schon einmal 268 Stundenkilometer schnell gefahren? Im Auto sicher nicht, aber vielleicht im Zug. Unvorstellbar, dass ein Fahrradfahrer so schnell sein kann. Doch im Jahr 1995 war der niederländische Radrennfahrer Fred Rompelberg (geboren 1945) tatsächlich so rasant unterwegs. Er fuhr dabei hinter einem extra dafür konstruierten Auto her. Dieses sorgte dafür, dass Fred Rompelberg nicht durch Gegenwind gebremst wurde. Bei einem normalen Fahrradrennen auf der Radrennbahn liegt der Rekord bei „nur" 77 Stundenkilometern.

Der erfolgreichste Fußballklub

Den besten Fußballklub aller Zeiten zu bestimmen, ist gar nicht so leicht. Die FIFA Klub-Weltmeisterschaft gibt es erst seit dem Jahr 2000. Sie wurde bisher dreimal vom FC Barcelona gewonnen. Doch bereits seit 1960 spielen der Gewinner der europäischen UEFA Champions League und der südamerikanischen Copa Libertadores um den Weltpokal, der von der FIFA Klub-Weltmeisterschaft abgelöst wurde. Es gibt fünf Mannschaften, die den Weltpokal schon dreimal gewonnen haben: Real Madrid, der AC Mailand, die Boca Juniors aus Argentinien und die uruguayischen Vereine aus Peñarol und Montevideo. Aber welcher Verein hat die meisten Erfolge in der UEFA Champions League beziehungsweise der Copa Libertadores? Das ist Real Madrid mit elf Siegen.

Real Madrid gehört zu den erfolgreichsten Vereinen. Hier bejubelt die Mannschaft den Gewinn der UEFA Champions League 2015/16.

SPORT & HOBBY

Der Rekord-Fußballnationalspieler

Hättest du das gedacht? Der Fußballspieler mit den meisten Länderspielen ist eine Frau! Kristine Lilly (geboren 1971) machte zwischen 1987 und 2010 unglaubliche 352 Länderspiele für die USA. Der Rekordhalter bei den Männern, Ahmed Hassan (geboren 1975) aus Ägypten, kommt dagegen „nur" auf 184 Spiele. Auch in Deutschland schlägt Birgit Prinz (geboren 1977) mit 214 Länderspielen Lothar Matthäus (geboren 1961) mit 150 Länderspielen. Das liegt aber natürlich auch daran, dass es früher im Frauenfußball nicht so viele gute Spielerinnen gab und diese nicht so schnell aus der Nationalmannschaft verdrängt wurden wie bei den Männern.

Die Rekord-Fußballnationalspielerin Kristine Lilly (rechts) im Zweikampf

Der höchste Sieg im Fußball

149 : 0 – so hoch gewann am 31. Oktober 2002 der AS Adema in der Meisterschaft von Madagaskar gegen SOE Antananarivo. Aber das lag nicht daran, dass die Spieler von Antananarivo so schlecht waren. Im Gegenteil: Sie waren wütend, weil sie im Spiel zuvor kurz vor Schluss durch einen Elfmeter, den sie für unberechtigt hielten, die Meisterschaft schon verloren hatten. Aus Protest schossen sie nun in diesem Spiel, in dem es um nichts mehr ging, so viele Eigentore wie nur möglich. Der höchste reguläre Sieg im Profifußball war wohl das 36 : 0 der schottischen Mannschaft Arbroath gegen Bon Accord im Jahr 1885.

Was war dein höchster Sieg?

SPORT & HOBBY

Die meisten Tore pro Spiel

Erinnerst du dich an das Bundesligaspiel zwischen dem FC Bayern München und dem VfL Wolfsburg im September 2015, als Robert Lewandowski (geboren 1988) innerhalb von neun Minuten fünf Tore für München schoss? Aber es geht noch besser. Im Jahr 1942 in Frankreich erzielte der Stürmer Stefan Dembicki (geboren 1913) bei einem 32 : 0-Sieg des RC Lens gegen die Mannschaft aus Auby 16 Tore in einem Spiel. Allerdings war es ein Pokalspiel. Lens wurde in dieser Saison Meister, während Auby nur eine Amateurmannschaft war.

Robert Lewandowski staunt selbst über seinen fünften Treffer in neun Minuten.

Der erfolgreichste Torschütze

Bestimmt hast du schon von Pelé (geboren 1940) gehört? Der Brasilianer, der eigentlich Edson Arantes do Nascimento heißt, gilt als der beste Fußballspieler aller Zeiten. Oft heißt es auch, er wäre der Fußballspieler mit den meisten Toren aller Zeiten, nämlich 1281 in 1363 Spielen. Doch so ganz sicher ist das nicht. Wahrscheinlich haben sein Landsmann Arthur Friedenreich (1892–1969) und der österreichisch-tschechische Fußballer Josef Bican (1913–2001) noch mehr erzielt. Bican soll in 918 Spielen 1468 Tore geschossen haben, Friedenreich 1329 in 1239 Spielen. Aber damals hat man noch nicht so genau mitgezählt. Deshalb sind die Rekorde von Bican und Friedenreich nicht sicher.

Pelé gilt als der beste Fußballspieler aller Zeiten.

SPORT & HOBBY

Der älteste Profifußballer

Kurz nach seinem 50. Geburtstag machte der britische Fußballer Stanley Matthews (1915–2000) sein letztes Spiel für seinen Verein Stoke City. Das Besondere: Matthews war kein Torwart, die oft mit 40 Jahren noch aktiv Fußball spielen, sondern ein Stürmer, ein Rechtsaußen. Im Jahr 2000 ist er im Alter von 85 Jahren gestorben. Ist eine solche Karriere auch heute noch möglich? Der Japaner Kazuyoshi Miura (geboren 1967) will Matthews' Rekord brechen. Er spielt derzeit – auch als Stürmer – für den japanischen Zweitliga-Klub Yokohama FC.

Stanley Matthews im Alter von 48 Jahren

Der teuerste Fußballspieler

Kannst du dir vorstellen, wie viel 94 Millionen Euro sind? So viel zahlte wohl der Fußballverein Real Madrid im Jahr 2009 dafür, dass der Fußballer Cristiano Ronaldo (geboren 1985) für Madrid und nicht mehr für Manchester United spielte. 2013 gab Real Madrid noch einmal ungefähr genauso viel für Gareth Bale (geboren 1989) aus Wales aus. Der genaue Preis ist nicht bekannt. Manche sagen, er hätte „nur" 91 Millionen Euro gekostet, andere meinen, es wären über 100 Millionen Euro gewesen. Auf jeden Fall werden für Spitzenfußballer völlig verrückte Summen gezahlt.

Cristiano Ronaldo gilt neben Gareth Bale als der teuerste Fußballspieler.

SPORT & HOBBY

Das größte Sportstadion

Wahrscheinlich denkst du jetzt an berühmte Fußballstadien wie das Wembley-Stadion in London oder das Camp Nou in Barcelona. Aber das größte Stadion aller Zeiten gibt es schon lange nicht mehr. Es war der Circus Maximus im alten Rom, wo bis zu 375.000 Zuschauer Platz gehabt haben sollen. Auch in das Prager Strahov-Stadion passten früher fast 250.000 Besucher. Inzwischen ist es aber baufällig. Doch auch das größte intakte Stadion ist ziemlich unbekannt. Es ist das Stadion Erster Mai in Pjöngjang, der Hauptstadt Nordkoreas. Hier passen 150.000 Menschen rein. Im Camp Nou dagegen finden knapp 100.000 Menschen Platz und im Wembley-Stadion 90.000.

Die Ruine des Circus Maximus

Der erfolgreichste Olympiateilnehmer

22 olympische Medaillen hat der US-amerikanische Schwimmer Michael Phelps (geboren 1985) bisher gewonnen, 18 goldene, zwei silberne und zwei bronzene. Da kommt kein anderer heran! Die zweitbeste Teilnehmerin aller Zeiten ist die russische Turnerin Larissa Latynina (geboren 1934), die 18 Medaillen gewann, davon neun goldene. Aber natürlich haben Schwimmer und Turner auch besonders viele Chancen, Medaillen zu gewinnen, weil sie in verschiedenen Disziplinen antreten können. Für andere Sportler dagegen gibt es nur einen Wettkampf bei jeder Olympiade.

Michael Phelps

SPEZIAL

Doping

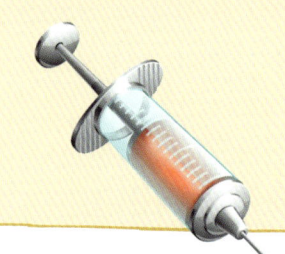

Im Spitzensport ist oft von Doping die Rede. Weißt du, was das ist? Doping kommt von dem englischen Wort „to dope". Das bedeutet „aufputschen". Von Doping spricht man, wenn ein Sportler irgendwelche Mittel nimmt, die in seinem Körper so wirken, dass er bessere Leistungen vollbringen kann.

Diese Art von Doping ist verboten. Aber natürlich sind damit keine Vitaminpillen gemeint. Jedem Menschen, auch jedem Spitzensportler, ist es erlaubt, sich gesund zu ernähren und so besonders fit und leistungsfähig zu werden. Doping-Mittel dagegen beeinflussen den Körper so stark, dass sie gefährliche Nebenwirkungen haben können. Es ist schon passiert, dass gedopte Sportler tot zusammengebrochen sind. Bei anderen haben sich viele Jahre später Gesundheitsschäden gezeigt.

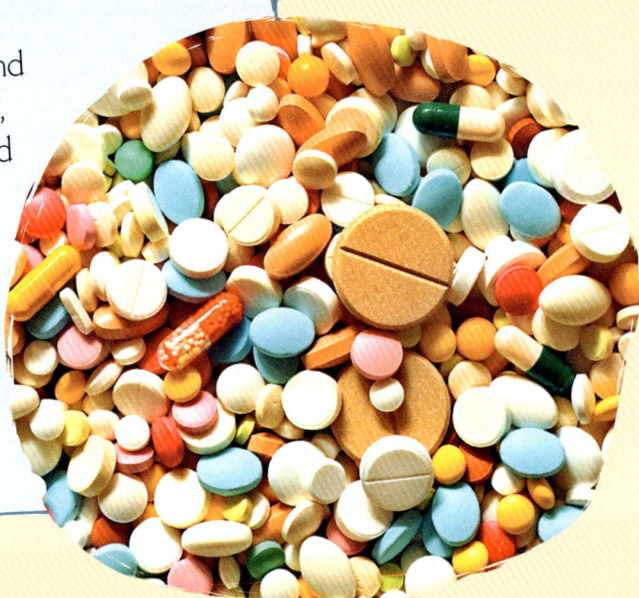

Ein häufiges Doping-Mittel sind zum Beispiel Anabolika. Sie lassen die Muskeln wachsen. Aber sie können auch dazu führen, dass die Leber und das Herz krank werden, die Haare ausfallen, Frauen einen Bart bekommen, Männern ein Busen wächst oder der Sportler sehr ungeduldig und launisch wird. Nun fragst du dich vielleicht, warum jemand dopt, wenn es so gefährlich ist. Aber manche Sportler denken: „Mir ist es wichtiger, Weltmeister zu werden." Oder: „Mir wird schon nichts passieren." Es ist auch schon vorgekommen, dass Spitzensportler von ihren Trainern Dopingmittel bekamen, ohne zu wissen, was sie da einnahmen.

SPEZIAL

Besonders häufig wird in Sportarten gedopt, bei denen es vor allem auf Kraft, Schnelligkeit und Ausdauer ankommt, also zum Beispiel beim Laufen, beim Fahrradfahren, beim Skilanglauf, beim Gewichtheben und beim Kugelstoßen.

Aber natürlich ist Doping nicht nur gefährlich, sondern auch unfair. Wenn es erlaubt wäre, hätten Sportler, die nicht dopen, in vielen Sportarten wahrscheinlich keine Chance. Dann würde nicht der Beste gewinnen, sondern derjenige, der das größte Risiko für seine Gesundheit eingeht. Also ist es streng verboten, zu dopen. Wer dabei erwischt wird, darf für einige Jahre an keinem Wettbewerb mehr teilnehmen und bekommt seinen Titel aberkannt, wenn er einen gewonnen hat.

Doch es ist ziemlich schwer, Doping nachzuweisen. Vor allem, weil immer neue Doping-Methoden angewandt werden. Deshalb müssen regelmäßig aufwendige Tests durchgeführt werden, bei denen etwa der Urin oder das Blut aller Spitzensportler untersucht wird. Das ist natürlich sehr teuer und für die, die nicht dopen, ganz schön lästig.

SPORT & HOBBY

Das erfolgreichste Land bei Olympischen Spielen

1073 Goldmedaillen haben Sportler und Sportlerinnen aus den Vereinigten Staaten von Amerika bisher bei Olympischen Spielen gewonnen und 2679 Medaillen insgesamt. Damit sind die USA bei Weitem das erfolgreichste Teilnehmerland. Auf dem zweiten Platz landet Russland mit 1869 Medaillen, davon 710 goldene. Und was glaubst du, wie gut Deutschland ist? Mit 1682 Medaillen, davon 547 goldenen, steht es auf Platz drei. Toll, was?

Der älteste Olympiateilnehmer

Fast 73 Jahre alt war der Schwede Oscar Swahn (1847–1927), als er 1920 an den Olympischen Spielen von Antwerpen teilnahm und sogar noch eine Silbermedaille gewann. Acht Jahre zuvor hatte er in Stockholm seine zweite und letzte Goldmedaille gewonnen. Damit ist er auch ältester Olympiagewinner aller Zeiten. Bestimmt fragst du dich nun, in welcher Disziplin das möglich war. Swahn trat im Schießen an. Da zählt natürlich die Erfahrung mehr als die Fitness. Auch andere besonders alte Olympiateilnehmer waren oft Schützen, aber auch Segler, Reiter oder Curler. Curling ist so etwas Ähnliches wie Eisstockschießen.

SPORT & HOBBY

Der jüngste Olympiateilnehmer

Noch nicht einmal elf Jahre alt war der griechische Turner Dimitrios Loundras (1885–1970), als er im Jahr 1896 bei den allerersten Olympischen Spielen der modernen Zeit in Athen antrat. Er war Mitglied der griechischen Barren-Mannschaft, die Dritter wurde. Allerdings nahmen auch nur drei Mannschaften teil. Dimitrios' Rekord wird niemand mehr einholen. Denn inzwischen müssen Sportler mindestens 16 Jahre alt sein, um an Olympischen Spielen teilzunehmen. Man will damit verhindern, dass Kinder schon in jungen Jahren von ehrgeizigen Eltern und Trainern gequält werden, um Bestleistungen zu vollbringen. Aber sicher willst du noch wissen, wie es mit Dimitrios Loundras weiterging? Er wurde kein Profisportler, sondern Admiral der griechischen Marine.

Heute müssen die Teilnehmer bei Olympia mindestens 16 Jahre alt sein.

Die meisten K.-o.-Siege

Boxen ist ein ziemlich brutaler Sport. Besonders hart war es, gegen Archie Moore (1916–1998) zu boxen. Ein Boxkampf endet nämlich entweder nach einer bestimmten Anzahl von Runden. Oder wenn einer der Gegner k. o. geschlagen wird. Das bedeutet, dass er zu Boden geht und da erst einmal liegen bleibt. Kein Boxer gewann so viele Kämpfe mit K.o. wie Archie Moore, es waren 131. Insgesamt absolvierte er 221 Kämpfe, von denen er 186 gewann. Archie Moore war aber auch ein Schauspieler. In einer Verfilmung von Mark Twains *Huckleberry Finn* im Jahr 1960 spielte er Hucks Freund Jim.

SPORT & HOBBY

Der jüngste Weltumsegler

Darf man ein Kind allein mit einem Segelboot um die Welt segeln lassen? Diese Frage wurde im Jahr 2009 in den Niederlanden heiß diskutiert. Denn die 13-jährige Seglerin Laura Dekker (geboren 1995) wollte unbedingt eine solche gefährliche Reise wagen. Ihre Eltern erlaubten ihr das. Aber das Jugendamt verbot Laura zunächst, die Reise zu machen. Schließlich muss man für eine Weltumrundung nicht nur gut segeln können, sondern ist auch monatelang ganz allein. Mit 14 erlaubten sie Laura die Reise aber doch und sie wurde die jüngste Weltumseglerin aller Zeiten. Dafür war sie über 500 Tage allein unterwegs. Könntest du dir so etwas vorstellen?

Das längste Tennismatch

Es fand im Jahr 2010 in Wimbledon zwischen dem US-Amerikaner John Isner (geboren 1985) und dem Franzosen Nicolas Mahut (geboren 1982) statt. Am ersten Tag musste das Match nach drei Stunden abgebrochen werden, weil es dunkel wurde. Am zweiten Tag begann man um 14 Uhr mit der Fortsetzung und dachte, dass die Zeit locker reichen würde. Doch die Regeln sahen vor, dass das Spiel erst endet, wenn einer der Spieler zwei Punkte Vorsprung hat. Da Isner und Mahut gleich stark waren, musste das Spiel am Abend wieder wegen Dunkelheit abgebrochen werden. Am nächsten Tag konnte Isner dann gewinnen. Die reine Spielzeit hatte elf Stunden und fünf Minuten betragen.

John Isner gewinnt das längste Match der Tennisgeschichte.

SPORT & HOBBY

Der längste Sprung

Ein Fallschirmspringer muss ganz schön mutig sein. Aber kannst du dir vorstellen, dass es Menschen gibt, die nicht nur aus einem Flugzeug heraus abspringen, sondern sogar aus dem Weltraum? Ein paar Menschen machen solche verrückten Sachen. Man nennt das Space Diving – Weltraumtauchen. Den längsten Sprung aus einer Höhe von 41 Kilometern über der Erde absolvierte im Oktober 2014 ein US-amerikanischer Manager namens Alan Eustace (geboren 1957). Er sprang aus einem Heliumballon ab und trug beim Sprung einen Weltraumanzug. Ansonsten hätte er in solcher Höhe nicht überleben können.

Der Sprung mit der höchsten Geschwindigkeit

Der bekannteste Springer, der Sprünge aus dem Weltraum absolviert, ist der österreichische Extremsportler Felix Baumgartner (geboren 1969). Was die Absprunghöhe betrifft, wurde er zwar inzwischen von Alan Eustace übertroffen. Aber bis heute ist noch nie ein Mensch so schnell zur Erde gefallen wie Felix Baumgartner. Bei seinem Sprung aus etwa 39 Kilometern Höhe erreichte er eine Geschwindigkeit von 1357 Stundenkilometern, bevor er den Fallschirm öffnete. Das ist mehr als Schallgeschwindigkeit. Wahnsinn, oder? Selbst die meisten Flugzeuge fliegen nicht mit Überschallgeschwindigkeit.

Felix Baumgartner beim Absprung

SPORT & HOBBY

Die größte Formation von Fallschirmspringern

Hast du schon einmal gesehen, wie sich Fallschirmspringer, bevor sie ihre Fallschirme öffnen, an den Händen halten und dann Muster bilden? Das ist im freien Fall ziemlich schwierig. Aber besonders gute Sprungteams versuchen, immer größere Formationen zu bilden. Den Rekord hält das World Team. Es besteht aus Profis aus verschiedenen Ländern. Im Februar 2006 sprangen 400 Springer gemeinsam ab, griffen sich an den Händen und bildeten so eine große Blüte. Das sah besonders schön aus, weil sie dabei verschiedenfarbige Anzüge trugen.

Die längste Ballonfahrt

Bist du schon einmal in einem Heißluftballon mitgeflogen? Auch wenn das nicht der Fall war, kannst du dir sicherlich denken, dass es ganz schön aufregend ist, in so großer Höhe zu schweben – nur von einem Ballon gehalten. Die Flieger Bertrand Piccard (geboren 1958) und Brian Jones (geboren 1947) haben im Jahr 1999 erstmals in einem Ballon ohne Zwischenlandung die ganze Erde umrundet. Sie waren fast 20 Tage unterwegs und legten dabei mehr als 45.000 Kilometer zurück. Allerdings hatte ihr Ballon keinen offenen Korb, sondern eine fest verschlossene Kabine, in der die beiden vor Wind, Kälte und dünner Luft geschützt waren.

SPORT & HOBBY

Die häufigsten Besteigungen des Mount Everest

Apa Sherpa bei seiner 20. Besteigung des Mount Everest

Für viele Bergsteiger ist es ein großes Ziel, einmal im Leben den höchsten Berg der Welt, den Mount Everest, zu besteigen. Apa Sherpa (geboren 1960) und Phurba Tashi (geboren 1971) dagegen waren schon 21-mal auf dem Gipfel. Sie gehören zum tibetischen Volk der Sherpas, die in der Mount-Everest-Region leben. Viele Sherpas, so auch Apa und Phurba, arbeiten als Gepäckträger für die Bergsteiger aus den reichen Ländern. Auch die schnellste Besteigung des Mount Everest, die acht Stunden und zehn Minuten dauerte, führte ein Sherpa durch.

Der älteste Mensch auf dem Mount Everest

Nur die besten Bergsteiger wagen sich auf den Mount Everest. Aber viele davon erreichen den Gipfel nicht. Manche sterben sogar bei dem Versuch. Kannst du dir vorstellen, dass es ein 80-jähriger auf den Gipfel schafft? Dem japanischen Bergsteiger Yūichirō Miura (geboren 1932) ist das tatsächlich gelungen. Miura war im Laufe seines Lebens mehrmals auf dem Mount Everest. 2003 wurde er mit 70 Jahren der älteste Mount-Everest-Besteiger. Als ein anderer seinen Rekord brach, stieg er mit 75 Jahren noch einmal hoch, und als es wieder einen neuen Rekordhalter gab, unternahm er mit 80 Jahren seine bislang letzte Tour. Verrückt, was? Der jüngste Besteiger war übrigens ein 13-jähriger US-Amerikaner namens Jordan Romero (geboren 1996) im Jahre 2010.

67

SPORT & HOBBY

Der schnellste Seilspringer

Seilspringen ist kein Kinderspiel, sondern kann richtig anstrengend sein. Deshalb nutzen es auch Profisportler, um sich fit zu halten. Aber am geschicktesten im Umgang mit dem Seil sind doch Kinder. Den Weltrekord jedenfalls hält ein elfjähriger chinesischer Schüler namens Cen Xiaolin (geboren 2004). Bei einer internationalen Schülermeisterschaft im November 2015 in Dubai schaffte er 108 Sprünge in 30 Sekunden.

Und wie viele Sprünge schaffst du?

Die längste Schachpartie

Kannst du Schach spielen? Dann weißt du, dass man bei jedem Zug genau überlegen muss, wie der Gegner darauf reagieren könnte. Das kann ziemlich lange dauern. Bei Schachturnieren ist deshalb festgelegt, wie viel Bedenkzeit jeder Spieler hat. Weil die verschieden lang sein kann, zählt die Länge von Schachspielen nach Zügen. Die meisten Züge bei einem offiziellen Turnier, nämlich 269, machten zwei Spieler 1989 in Belgrad. Sie brauchten dafür 20 Stunden und 15 Minuten. Die kürzeste mögliche Schachpartie besteht übrigens aus acht Zügen. Sie wird als Narrenmatt bezeichnet, weil nur absolute Anfänger sich so schnell matt setzen lassen.

SPORT & HOBBY

Der jüngste Schachweltmeister

Kasparow (rechts) wird gegen Karpow (links) jüngster Schachweltmeister.

Der jüngste Weltmeister im Schach wurde der Russe Garri Kasparow (geboren 1963). Im Jahr 1984 trat er gegen den damaligen Weltmeister Anatoli Karpow (geboren 1951) an. Sieger war, wer zuerst sechs Spiele gewonnen hatte. Doch die meisten Spiele endeten unentschieden. Nach 48 Spielen, die zusammen über 300 Stunden gedauert hatten, wurde der Kampf abgebrochen. Im nächsten Jahr traten die beiden wieder gegeneinander an. Nun siegte Kasparow. Er war damals 22 Jahre alt und wurde einer der besten Schachspieler der Geschichte.

Die jüngste Rechenkünstlerin

Bist du gut im Kopfrechnen? Die besten Rechenkünstler treffen sich seit 2004 alle zwei Jahre zum Weltcup im Kopfrechnen. 2010 gab es eine ganz besondere Siegerin. Den Gesamttitel gewann die Inderin Priyanshi Somani (geboren 1998). Sie war damals erst elf Jahre alt. Um zu gewinnen, musste sie zum Beispiel blitzschnell achtstellige Zahlen malnehmen. Aber Priyanshi ist keine Ausnahme. 2014 gewann schon wieder ein Kind den Weltcup. Es war der 13-jährige Granth Thakkar (geboren 2001). Wie Priyanshi kommt auch er aus Indien.

Priyanshi Somani wird jüngste Rechenkünstlerin.

SPORT & HOBBY

Das beste Gedächtnis

$\pi = 3.14159265358979323846264338327950288419716939937510582097...$

Weißt du, was Pi ist? So nennt man eine Zahl, die man braucht, um auszurechnen, welchen Umfang ein Kreis hat. Pi ist ein bisschen größer als drei. Vor dem Komma steht also eine Drei und hinter dem Komma eine unendliche Folge von Zahlen. Ein beliebter Sport unter Gedächtniskünstlern ist es, möglichst viele Stellen von Pi aufzusagen. Den Rekord stellte 2006 der Japaner Akira Haraguchi (geboren 1946) auf: Er konnte sich an 100.000 Stellen in der richtigen Reihenfolge erinnern. Er brauchte allein 16 Stunden, sie aufzusagen. Aber wie merkt man sich so etwas? Haraguchi wies jeder Zahl bestimmte Silben zu. Aus diesen machte er dann eine Geschichte, die er sich gut merken konnte. Für den Wettbewerb übersetzte er die Silben seiner Geschichte zurück in Zahlen.

Das kleinste Buddelschiff

Hast du schon einmal ein Buddelschiff gesehen? Dabei handelt es sich um ein Segelschiffmodell in einer Flasche. Das Besondere dabei: Das Modell ist größer als die Flaschenöffnung. Der Buddelschiffbauer muss das Schiff ganz vorsichtig durch die Öffnung schieben und dann mit einer Schnur die Segel aufrichten. Je kleiner Schiff und Flasche sind, desto komplizierter ist das. Das wohl kleinste Buddelschiff der Welt baute ein ehemaliger Schiffskoch namens Manfred Werner (1935–2014). Es ist nur 1,5 Zentimeter lang und 1,8 Zentimeter hoch. Statt in einer Flasche befindet es sich in einer Fahrradglühbirne.

Kannst du dir vorstellen, dass es noch kleiner geht? Tatsächlich war das kleinste Buddelschiff nur etwa so groß wie eine Ein-Cent-Münze.

SPORT & HOBBY

Der längste Schal der Welt

Elf Kilometer lang war der Schal, der im Jahr 2011 die isländischen Orte Siglufjörður und Ólafsfjörður verband. Die beiden Orte waren kurz vorher mit einem Tunnel verbunden worden und die Künstlerin Friða Gylfadóttir (geboren 1960) wollte mit dem Schal noch ein besonderes Symbol der Verbundenheit schaffen. Allerdings hat sie den Schal nicht allein gestrickt. Sie bekam aus der ganzen Welt Stücke zugeschickt, die sie dann aneinandernähte. Der Schal wurde später wieder in einzelne Teile zerlegt und zugunsten armer isländischer Familien verkauft.

Viele Hände strickten an dem längsten Schal der Welt.

Die größte Briefmarkensammlung

Briefmarkensammeln ist ein beliebtes Hobby. Die Sammler wollen möglichst viele Marken aus allen Ländern der Welt haben. Die größte und wertvollste Sammlung trug der französische Adelige Philipp von Ferrary (1850–1917) zusammen. Er besaß fast alle Marken, die es zu seiner Zeit gab. Doch im Ersten Weltkrieg musste er fliehen und seine Sammlung zurücklassen. Sie wurde vom französischen Staat beschlagnahmt und für rund 30 Millionen Französische Francs verkauft. Heute ist vermutlich die Sammlung des britischen Königshauses am größten.

Sammelst du auch Briefmarken?

71

HIMMEL & ERDE

Die höchste Geschwindigkeit

Die höchste Geschwindigkeit, die es im Universum gibt, ist die Lichtgeschwindigkeit. Vielleicht denkst du, dass du Licht sofort siehst, wenn es angeschaltet wird. Aber das stimmt nicht. Es bewegt sich nur so rasend schnell, dass du denkst, du siehst es sofort. Die Lichtgeschwindigkeit beträgt 299.792.458 Meter oder fast 300.000 Kilometer in der Sekunde. Mehr Schnelligkeit, also eine Überlichtgeschwindigkeit, ist nicht möglich, das hat der berühmte Physiker Albert Einstein (1879–1955) bewiesen. Aber obwohl Licht so blitzschnell ist, werden die Entfernungen im Weltraum in Lichtjahren gemessen. Ein Lichtjahr sind fast 9,5 Billionen Kilometer.

Der hellste Stern

Am hellsten erstrahlen am Himmel unsere Sonne und unser Mond. Auch Merkur, Venus, Mars und Jupiter sind gut zu sehen, obwohl sie als Planeten kein eigenes Licht ausstrahlen, sondern nur von der Sonne angestrahlt werden. Von allen Sternen aber erscheint der Sirius am hellsten. Er ist mehr als doppelt so groß wie unsere Sonne und mit einer Entfernung von nur 8,6 Lichtjahren der Erde ziemlich nah. Bei uns auf der Nordhalbkugel ist er im Sommer nicht zu beobachten, im Winter dafür besonders gut.

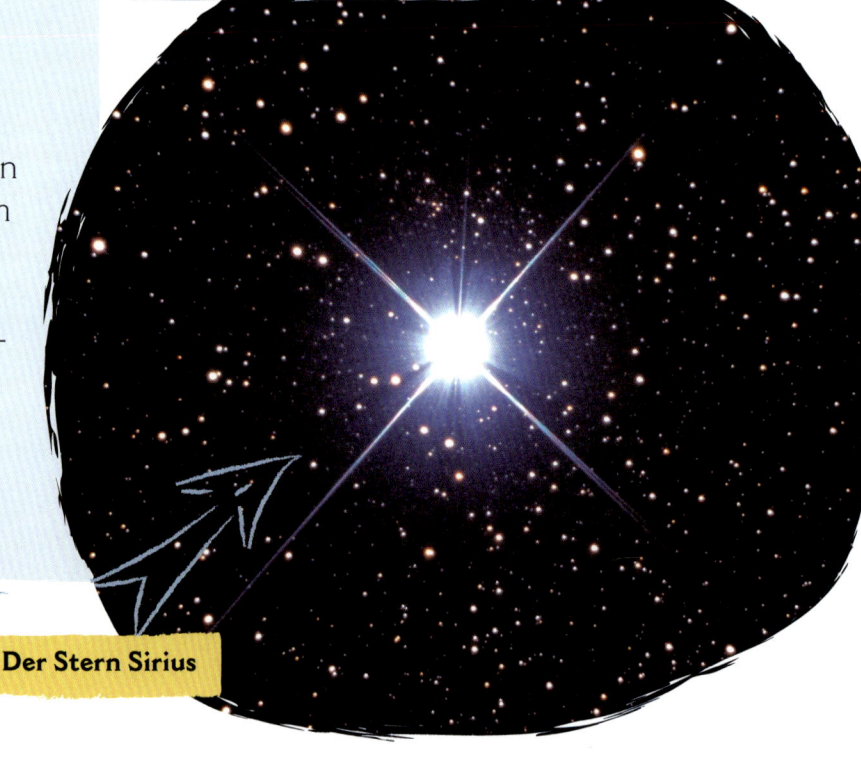

Der Stern Sirius

HIMMEL & ERDE

Der heißeste Stern

Bestimmt weißt du, dass die Wärme auf der Erde von den Sonnenstrahlen herrührt. Die Sonne ist zwar unglaublich weit weg von uns, doch ihre Oberfläche ist fast 6000 Grad Celsius heiß. Heiß genug, um auch die Erde zu erwärmen. Doch es gibt noch viel heißere Sterne als die Sonne. Der heißeste, den man kennt, ist ein sogenannter Weißer Zwerg im Zentrum eines planetarischen Nebels mit der Nummer NGC 6537. Dieser Weiße Zwerg ist mindestens 1900 Lichtjahre von uns entfernt. Seine Oberfläche ist zwischen 250.000 und 500.000 Grad Celsius heiß. Um den Stern herum tobt ein Orkan, der mindestens 2000 Kilometer pro Sekunde schnell ist. Er verwirbelt Gas und Staub zu einer riesigen leuchtenden Wolke. Sie wird Red-Spider-Nebel genannt, weil sie ein bisschen wie eine rot glühende Riesenspinne aussieht.

Der planetarische Nebel NGC 6537 (Red-Spider-Nebel)

Das größte Schwarze Loch

Ein Schwarzes Loch ist eigentlich gar kein Loch, sondern ein aus Überresten besonders großer und schwerer Sterne bestehendes Objekt im Weltraum, das alle anderen Objekte in seiner Umgebung und sogar Licht anzieht und „verschluckt". Das bisher größte dieser „Löcher" ist 21 Milliarden Mal so schwer wie die Sonne. Es liegt im Zentrum der Galaxie NGC 4889, etwa 300 Millionen Lichtjahre von uns entfernt. Das ist zum Glück viel zu weit weg, als dass das Schwarze Loch auch unsere Erde verschlucken könnte.

HIMMEL & ERDE

Der größte Planet in unserem Sonnensystem

Der Jupiter ist so groß, dass man aus ihm etwa 318 Erden machen könnte. Damit ist er mit Abstand der größte Planet in unserem Sonnensystem. Deshalb ist er auch nach Jupiter benannt, dem obersten Gott der alten Römer. Wenn man an seiner dicksten Stelle – dem Äquator – misst, dann hat der Jupiter einen Durchmesser von 142.984 Kilometern. Allerdings ist seine Oberfläche nicht fest wie bei der Erde, sondern besteht aus Gas. Erst im Inneren hat er wahrscheinlich einen festen Kern. Aber ganz genau weiß man das nicht.

Die meisten Monde

Denkst du, nur unsere Erde hat einen Mond? Dem ist nicht so. Außer um Merkur und Venus kreisen um alle Planeten unseres Sonnensystems andere Himmelskörper, die als Monde bezeichnet werden. Viele davon sind sehr klein und haben noch gar keinen Namen, weil sie erst vor Kurzem entdeckt wurden. Zurzeit kennt man 64 Jupitermonde und 62 Monde, die um den Saturn kreisen. Ähnlich groß wie unser Mond sind aber nur vier der Jupitermonde: Io, Europa, Kallisto und Ganymed. Ganymed ist mit einem Durchmesser von 5262 Kilometern auch der größte Mond in unserem Sonnensystem.

Jupiter und sein Mond Io

HIMMEL & ERDE

Der uns nächste Stern

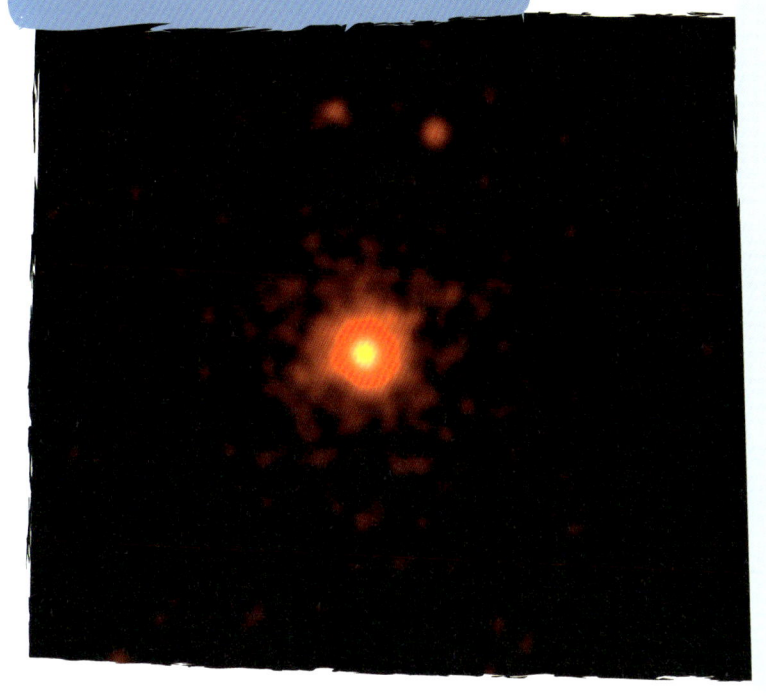

All die Sterne, die du am Himmel siehst, sind keine Planeten wie die Erde, sondern Sonnen. Am nächsten zur Erde liegt die Sonne selbst. Am nächsten zu unserer Sonne ist ein relativ dunkler Stern namens Proxima Centauri. Er ist 4,24 Lichtjahre entfernt. Bisher konnten die Forscher noch keine Planeten entdecken, die ihn umkreisen. Während das lateinische Proxima auf Deutsch „der Nächste" heißt, zeigt der Namensbestandteil Centauri, dass der Stern zum Sternbild Centaur gehört. Aber die einzelnen Sterne eines Sternbildes gehören nicht wirklich zusammen. Nur von der Erde aus gesehen ergeben sie ein Muster. Andere Centauri-Sterne sind Hunderte von Lichtjahren von uns entfernt.

Der schnellste Planet

Planeten wie unsere Erde drehen sich um einen Stern wie die Sonne. Aber hast du mal darüber nachgedacht, wie schnell sie sich dabei bewegen? Unsere Erde ist unglaubliche 107.000 Stundenkilometer schnell. Aber es gibt noch viel schnellere Planeten. Etwa 870 Lichtjahre von uns entfernt im Sternbild Fuhrmann gibt es den Planeten WASP 12b, der mit nicht ganz 850.000 Stundenkilometern um den Stern WASP 12 rauscht.

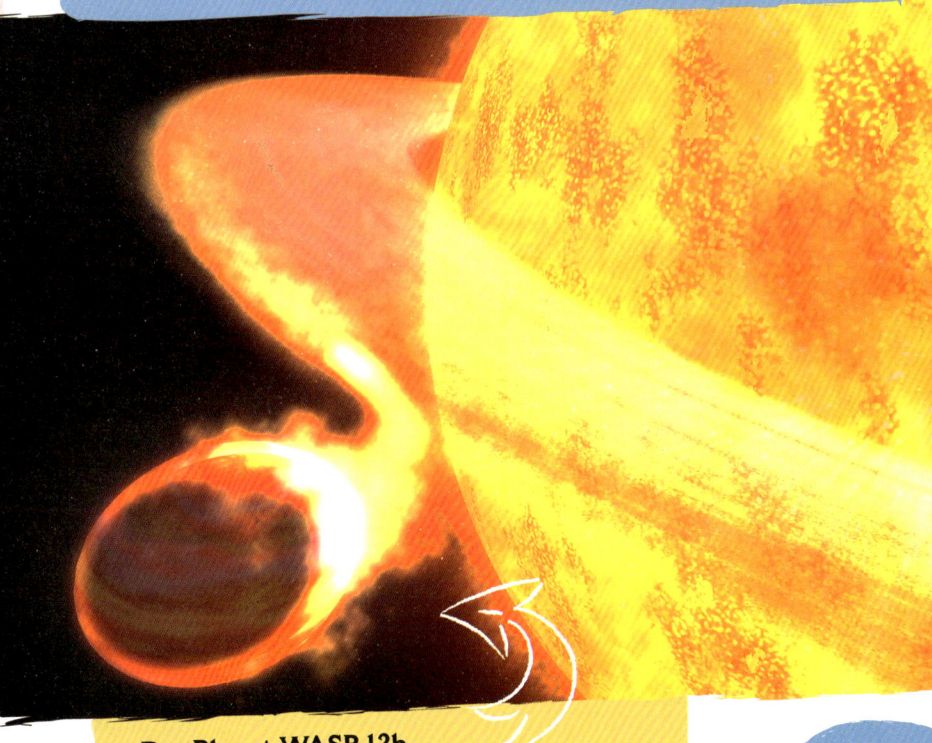

Der Planet WASP 12b

HIMMEL & ERDE

Der größte aller Sterne

Welcher Stern der größte von allen ist, ist von der Erde aus nicht leicht zu bestimmen. Das liegt auch daran, dass viele Sterne im Laufe der Jahrmillionen immer größer werden, bis die äußere Hülle explodiert. Sie werden dann von einem „Roten Riesen" zu einem „Weißen Zwerg". Derzeit sind sich die Forscher uneins, ob der Stern UY Scuti im Sternbild Scutum (lateinisch für „Schild") oder der Stern Westerlund 1-26, der nur auf der Südhalbkugel sichtbar ist, am größten ist. UY Scuti ist mehr als 1700-mal so groß wie unsere Sonne. Westerlund 1-26, der mehr als doppelt so weit von der Erde entfernt ist, lässt sich nicht so gut messen. Er ist zwischen 1500- und 2000-mal so groß wie die Sonne.

Der Stern Westerlund 1-26

Die größte Galaxie

Weißt du, was eine Galaxie ist? Eine Galaxie ist eine große Ansammlung von Millionen oder sogar Milliarden Sternen. Unser Sonnensystem befindet sich inmitten einer Galaxie, die Milchstraße heißt. Sie umfasst zwischen 100 und 300 Milliarden Sterne und hat die Form einer Spirale. Die größte bekannte Galaxie jedoch besteht wahrscheinlich aus 100 Billionen Sternen. Sie heißt IC 1101, liegt im Sternbild Jungfrau und ist etwa eine Milliarde Lichtjahre von uns entfernt.

Die Milchstraße

HIMMEL & ERDE

Die am weitesten entfernte Galaxie

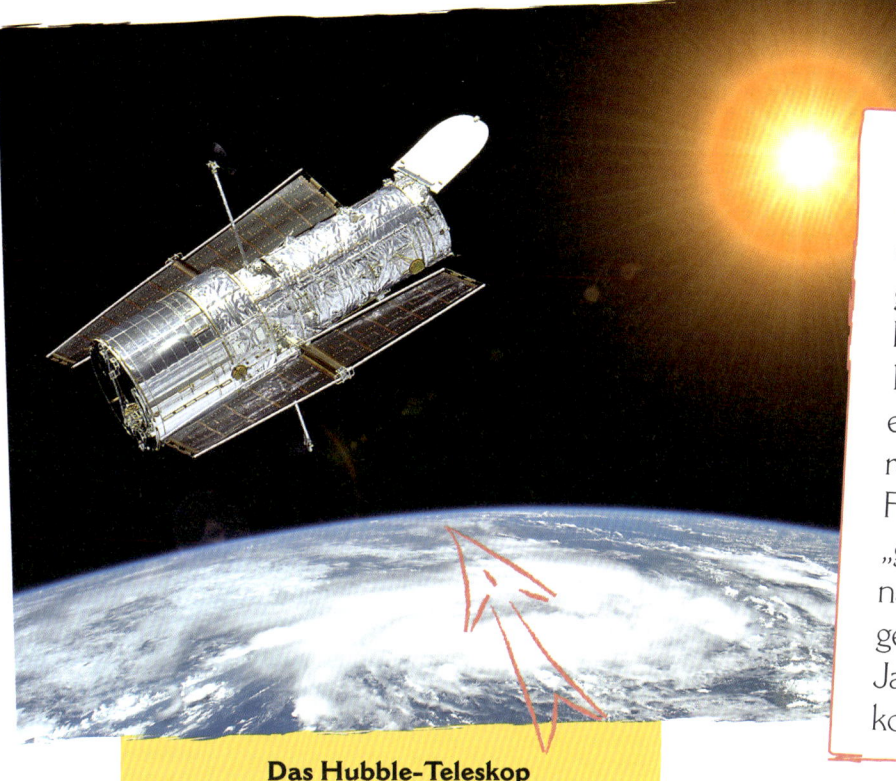

Das Hubble-Teleskop

Im Oktober 2013 haben Forscher von der Universität von Austin in Texas in den USA eine unglaubliche Entdeckung gemacht. Durch das Weltraumfernrohr Hubble entdeckten sie eine Galaxie, die 13,1 Milliarden Lichtjahre von der Erde entfernt ist. Das Universum ist aber gerade mal 13,8 Milliarden Jahre alt. Die Forscher haben also Licht gesehen, das „gerade mal" 700.000 Millionen Jahre nach dem Urknall von dieser Galaxie ausgesandt wurde und dann 13,1 Milliarden Jahre gebraucht hat, um bei uns anzukommen. Kannst du dir das vorstellen?

Der hellste Blitz

Hast du schon einmal erlebt, wie es bei einem Gewitter plötzlich in der Nacht taghell wurde? Der stärkste Blitz, der jemals gesehen wurde, zuckte am 19. März 2008 durch das Weltall, etwa 7,5 Milliarden Lichtjahre von uns entfernt. Er war so hell, dass man ihn trotz der großen Entfernung mit bloßem Auge sehen konnte. Einzelne Sterne dagegen kann man ohne Fernrohr nur sehen, wenn sie weniger als 7000 Lichtjahre entfernt sind, Galaxien nur bis zu einer Entfernung von einigen Millionen Lichtjahren. Wie der Blitz entstand, wissen die Forscher nicht. Vielleicht durch die Explosion eines Sternes oder den Zusammenstoß verschiedener Himmelskörper.

SPEZIAL

Das Weltall

Alle Größenrekorde auf der Erde sind nichts gegen den Weltraum. Er ist einfach unvorstellbar groß.

Wahrscheinlich beträgt der Abstand zwischen unserer Erde und den am weitesten entfernten Sternen mehr als 46 Milliarden Lichtjahre. Aber dabei bleibt es nicht. Das Weltall dehnt sich immer weiter aus. Und zwar mit einer rasanten Geschwindigkeit von mehr als 70 Kilometern pro Sekunde.

Vor ungefähr 13,8 Milliarden Jahren dagegen waren alle Sterne, Planeten und Kometen des Universums an einem Punkt konzentriert, bildeten also eine Art riesiges Schwarzes Loch. Dann gab es den Urknall. Alles begann auseinanderzufliegen und hat es bis heute nicht gestoppt. Möglicherweise tut es das nie. Denn was außerhalb dieses Universums ist oder was vor dem Urknall war, das können auch die schlauesten Forscher nicht sagen. Sie wissen auch nicht, welche Form das Universum hat. Manche meinen, dass es kugelförmig ist. Andere glauben, dass es eher wie ein rundes, flaches Sitzkissen aussieht. Oder wie ein Schwimmring. Oder eine Trompete.

SPEZIAL

Auf jeden Fall scheint sich unser Sonnensystem ziemlich in der Mitte des Weltalls zu befinden. Insgesamt gibt es im Universum ungefähr 100 Milliarden Galaxien, von denen jede wieder aus Hunderten von Milliarden Sternen besteht. Zusammen haben sie ein Gewicht von geschätzten 100 Oktilliarden Kilogramm. Das ist eine Eins mit 53 Nullen. Viele davon sind so weit entfernt, dass wir nie eine Chance haben, sie zu sehen.

Aber wie weiß man dann davon? Das ist ziemlich kompliziert und hat viel mit Licht zu tun. Zum Beispiel hat das Licht eines Sterns, der sich von uns fortbewegt, eine etwas andere Farbe, als wenn der Stern stillstehen würde. Aus lauter solchen Beobachtungen können die Forscher das Aussehen des Universums errechnen.

Doch obwohl das Universum so riesig ist, besteht es aus den gleichen Grundstoffen wie die Erde. Man hat bisher 118 solcher Grundstoffe entdeckt. Sie werden chemische Elemente genannt. Eines dieser Elemente ist Sauerstoff. Ihn brauchen wir, damit wir atmen und leben können. Auf der Erde ist er das häufigste Element. Er ist nicht nur in der Luft vorhanden. Auch Wasser, das genauso lebenswichtig ist, enthält Sauerstoff. Der zweite Baustein von Wasser ist Wasserstoff. Wasserstoff ist das häufigste Element, das es überhaupt gibt. Das Weltall besteht zu 90 Prozent daraus. Aber ohne Sauerstoff ist er ziemlich nutzlos für uns.

HIMMEL & ERDE

Der längste Kometenschweif

Weißt du, wie ein Kometenschweif entsteht? Wenn ein Komet sich der Sonne nähert, verglüht ein Teil von ihm zu heißem, leuchtendem Gas. Während der Komet weiter durch das All rast, wird das Gas zu einer langen Fahne gezogen. Den längsten bekannten Schweif hatte der Komet Hyakutake, der 1996 an der Sonne vorbeiraste. Er war mindestens 570 Millionen Kilometer lang. Das wurde mithilfe der Raumsonde Ulysses gemessen.

Der Komet Hyakutake

Der größte Meteoritenkrater

320 Kilometer lang und 180 Kilometer breit ist der Vredefort-Krater in Südafrika. Er wurde vor etwa zwei Milliarden Jahren durch den Einschlag eines Meteoriten verursacht. Dieser Meteorit hatte einen Durchmesser von fünf bis zehn Kilometern. Aber durch die Wucht des Aufpralls ist ein Krater immer viel größer als der Meteorit selbst. Damit so etwas nie wieder passiert, beobachten die Wissenschaftler heute alle größeren Gesteinsbrocken in unserem Sonnensystem genau und haben Methoden ausgetüftelt, sie aus der Bahn zu bringen, wenn sie der Erde zu nahe kommen.

Der Vredefort-Krater in Südafrika

HIMMEL & ERDE

Der höchste Berg

Vom höchsten Berg der Welt hast du wahrscheinlich schon gehört. Es ist der Mount Everest. Er ist 8848 Meter hoch. Aber weißt du auch, wo er liegt? Er befindet sich genau auf der Grenze zwischen Nepal und Tibet, das zu China gehört. Darum hat der Mount Everest auch noch zwei andere Namen. Auf Tibetisch heißt er Qomolangma („Mutter des Universums"), auf Nepalesisch Sagarmatha („Stirn des Himmels"). Das Gebirge, in dem sich der Mount Everest befindet, ist der Himalaja. Dazu gehören zehn von den 14 Achttausender-Bergen, die es auf der Erde gibt. Zum ersten Mal bestiegen wurde der Mount Everest im Jahr 1953 von dem Neuseeländer Edmund Hillary (1919–2008) und dem Nepalesen Tenzing Norgay (1914–1986).

Das längste Gebirge

Wenn du einen Globus oder eine Weltkarte hast, auf der Gebirge eingezeichnet sind, dann wirst du sehen, dass sich eine Bergkette entlang der Westküste von Südamerika zieht. Sie wird meist Anden genannt, manchmal aber auch Kordilleren. Das liegt daran, dass ihr spanischer Name Cordillera de los Andes lautet, das bedeutet „Gebirgszug der Anden". Andes war die Bezeichnung der Terrassen, die die Inkas im Hochland für den Ackerbau anlegten, um halbwegs horizontale Flächen zu gewinnen. Die Spanier fanden, dass diese Terrassen das hervorstechendste Charakteristikum dieses Gebirgszuges waren, und benannten ihn danach. Mit einer Länge von 7500 Kilometern sind die Anden das längste Gebirge der Welt.

HIMMEL & ERDE

Die größte Höhle

250 Meter hoch und fünf Kilometer lang ist die Son-Doong-Höhle in Vietnam. Mit drei Ausnahmen könnte man alle Wolkenkratzer von Frankfurt am Main darin unterbringen. Auch die bis zu 80 Meter langen Tropfsteine in der Son-Doong-Höhle gehören zu den größten der Welt. Das längste bekannte Höhlensystem dagegen ist die Mammuthöhle (Mammoth Cave). Sie befindet sich in Kentucky in den USA. Bisher hat man rund 628 Kilometer erforscht. Mammuts aber haben dort nie gelebt. Die Höhle bekam ihren Namen nur, weil sie so gewaltig ist.

Die Son-Doong-Höhle in Vietnam

Der längste Fluss

6852 Kilometer lang ist der Nil. Sicher weißt du, dass er durch Ägypten fließt und dort ins Mittelmeer mündet. Aber wo ist eigentlich sein Anfang? Der ist nicht einfach zu finden. Denn wie die meisten Flüsse ist auch der Nil ein Zusammenfluss aus mehreren kleineren Flüssen. Um die Quelle des Nils zu finden, musst du auf der Karte dem Weißen Nil bis zum Victoriasee folgen und dann dem Kagera-Nil bis in das Hochland von Burundi zum Mont Gikizi, wo der Nil unter dem Namen Luvironza entspringt. Weil das alles so kompliziert ist, glaubte man früher, der Amazonas wäre noch länger als der Nil. Heute weiß man, dass er mit 6448 Kilometern etwas kürzer ist. Aber er hat viel mehr Nebenflüsse und damit ein viel größeres Einzugsgebiet.

Kreuzfahrt auf dem Nil

HIMMEL & ERDE

Der größte Kontinent

Wenn du auf einen Globus schaust, dann erkennst du leicht, dass es auf der Erde mehrere große Landmassen gibt, die gar nicht oder fast gar nicht miteinander zusammenhängen. Man nennt sie Kontinente. Traditionell kennt man fünf Kontinente: Afrika, Amerika, Asien, Australien und Europa. Der größte davon ist Asien mit 44,6 Millionen Quadratkilometern Fläche. An zweiter Stelle folgt Amerika mit 42,5 Millionen Quadratkilometern. Heute meinen aber viele Wissenschaftler, dass Amerika eigentlich aus zwei Kontinenten besteht – Nord- und Südamerika –, Europa und Asien aber so eng zusammenhängen, dass sie eigentlich nur ein Kontinent sind. Dieses Eurasien wäre dann mit 54,7 Millionen Quadratkilometern erst recht der größte Kontinent.

Die größte Insel

Die größte Insel der Welt findest du ganz im Norden auf dem Globus. Es ist Grönland. Grönland ist kein eigenes Land, sondern gehört zu Dänemark, obwohl es viel näher bei Kanada liegt. Vielleicht fragst du dich nun, was der Unterschied zwischen einem Kontinent und einer Insel ist. Es ist die Größe. Grönland als größte Insel ist 2,1 Millionen Quadratkilometer groß, während Australien als der kleinste Kontinent 8,6 Millionen Quadratkilometer umfasst.

In Grönland gibt es viele Eisberge.

HIMMEL & ERDE

Die tiefste Meeresstelle

Forschungsschiffe, die die Tiefe des Meeres am Marianengraben messen

Nördlich von Australien und Papua-Neuguinea findest du auf dem Globus die Inselgruppe der Marianen. Entlang dieser Inselgruppe verläuft auf dem Meeresgrund der Marianengraben. Das ist die tiefste Meeresstelle, die es gibt. 1957 hat hier ein russisches Forschungsschiff minus 11.034 Meter unter dem Meeresspiegel gemessen. Neuere Messungen ergaben „nur" minus 10.994 Meter. 2012 gelang es dem kanadischen Regisseur James Cameron (geboren 1954), der Filme wie *Terminator* oder *Titanic* gedreht hatte, erstmals mit einem extra entwickelten Tauchboot auf den Grund des Marianengrabens vorzustoßen.

Der tiefste Punkt der Erde

Eigentlich muss alles Land der Erde über dem Meeresspiegel liegen. Sonst würde es ja überschwemmt. Aber wenn ein Ort im Landesinneren liegt und durch Dämme oder Berge vor dem Meer geschützt ist, kann er tiefer als der Meeresspiegel sein. Der tiefste Ort der Welt ist der See mit dem Namen Totes Meer zwischen Israel, dem Westjordanland und Jordanien. Weil er im Sommer immer stark austrocknet, kann man nicht genau sagen, auf welcher Höhe der Wasserspiegel liegt. Es sind ungefähr 420 Meter unter dem Meeresspiegel. Zum Vergleich: Der Meeresboden der Ostsee ist nur an einer einzigen Stelle tiefer.

Das Wasser des Toten Meeres ist so salzhaltig, dass man nicht untergeht.

HIMMEL & ERDE

Der größte See

Das Kaspische Meer

Der größte See der Welt ist das Kaspische Meer. Es ist 386.400 Quadratkilometer groß und liegt zwischen den Ländern Russland, Aserbaidschan, Iran, Turkmenistan und Kasachstan. Wegen seiner Größe bekam es den Namen Meer, aber in Wahrheit ist es ein See. Es hat nämlich keine Verbindung zu den Weltmeeren. Dagegen ist zum Beispiel das Schwarze Meer wirklich ein Meer, weil es über Meerengen mit dem Mittelmeer und über dieses mit dem Atlantik verbunden ist. Eine Meerenge liegt immer auf Meereshöhe. Durch sie kann Wasser aus den Weltmeeren in die Binnenmeere fließen. Von einem See dagegen fließt höchstens Wasser über einen Fluss ins Meer, aber nicht umgekehrt.

Der salzigste See

Denkst du, nur das Meer wäre salzig? Es gibt Seen, deren Wasser noch viel mehr Salz enthält. Am bekanntesten ist das Tote Meer, das an Jordanien, Israel und das Westjordanland grenzt und eigentlich ein See ist. Weil das Gestein rund um den See viel Salz enthält, fließt von dort leicht salziges Wasser in den See. Doch das Tote Meer hat keinen Abfluss. Dafür ist es sehr heiß. Das bedeutet: Das Wasser verdunstet, nicht aber das Salz. So sammelt sich seit Jahrtausenden das Salz aus dem Gestein im See. Ähnlich ist es beim Lac Retba im Senegal, dessen Wasser sogar noch salziger ist. Durch das viele Salz ist das Wasser dicker als normales. Wer darin schwimmt, sinkt zwar etwas ein, kann aber nicht untergehen. Cool, was?

Der Lac Retba ist ein Salzsee im Senegal.

85

HIMMEL & ERDE

Die größte Wüste

Wüsten sind Gebiete, in denen fast nichts wächst. Manchmal rechnet man auch die Gebiete dazu, die von ewigem Eis bedeckt sind. Dann wäre die Antarktis die größte Wüste der Welt. Wenn man die Eiswüsten aber weglässt, dann ist die größte Wüste die Sahara in Nordafrika. Sie ist etwa 8,7 Millionen Quadratkilometer groß und besteht fast nur aus Sand, Felsen und Geröll. Am schönsten ist der sandige Teil, der Erg genannt wird. Hier bildet der Sand tolle Dünenlandschaften. Menschen und Tiere, die in der Sahara leben, wie zum Beispiel die Antilopen und Geparden, sind auf die wenigen Oasen angewiesen. Das sind Stellen, an denen es Wasser gibt.

Die größte Schlucht Europas

Auf einer Länge von etwa 80 Kilometern schlängelt sich der Fluss Tara in Montenegro durch die Berge. Teilweise steigen die steilen Felswände zu seinen Seiten bis zu 1300 Meter an. Die Tara-Schlucht ist damit die längste und tiefste in Europa. Doch eine Schlucht zu bestimmen, ist gar nicht so einfach. Denn nirgends ist genau festgelegt, wie eng eine Schlucht sein muss, damit sie wirklich eine Schlucht ist und kein Tal. Welche Schlucht die größte der Welt ist, ist deshalb umstritten.

HIMMEL & ERDE

Der schlimmste Vulkanausbruch

Den stärksten Vulkanausbruch der Menschheitsgeschichte gab es wahrscheinlich vor mehr als 73.000 Jahren. Damals explodierte der Vulkan Toba auf der indonesischen Insel Sumatra. An seiner Stelle ist heute nur noch ein Krater mit einem riesigen See übrig geblieben. Wie viele Menschen damals starben, weiß man nicht. Der schlimmste Ausbruch der neueren Zeit ereignete sich im Jahr 1815 auf einer anderen indonesischen Insel, auf Sumbawa. Dort starben nach einem Ausbruch des Tambora etwa 70.000 bis 90.000 Menschen. Außerdem wurde so viel Asche in den Himmel geschleudert, dass es im nächsten Jahr auf der ganzen Welt zu Missernten und Hungersnöten kam, weil zu wenig Sonne durch die Aschewolken drang.

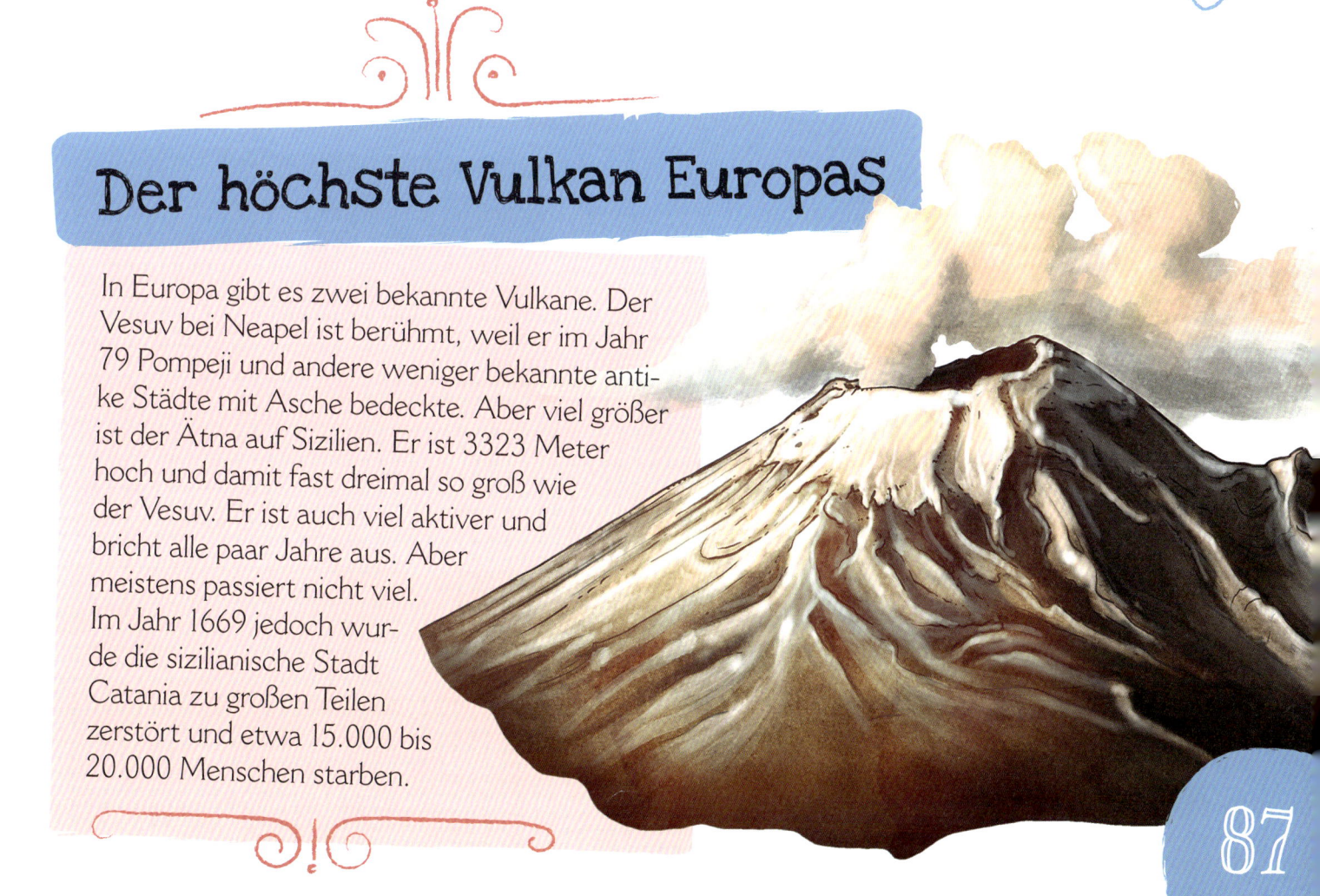

Der höchste Vulkan Europas

In Europa gibt es zwei bekannte Vulkane. Der Vesuv bei Neapel ist berühmt, weil er im Jahr 79 Pompeji und andere weniger bekannte antike Städte mit Asche bedeckte. Aber viel größer ist der Ätna auf Sizilien. Er ist 3323 Meter hoch und damit fast dreimal so groß wie der Vesuv. Er ist auch viel aktiver und bricht alle paar Jahre aus. Aber meistens passiert nicht viel. Im Jahr 1669 jedoch wurde die sizilianische Stadt Catania zu großen Teilen zerstört und etwa 15.000 bis 20.000 Menschen starben.

HIMMEL & ERDE

Der größte Wasserfall

979 Meter stürzt der Salto Ángel (Angel Falls) in Venezuela in die Tiefe. Sein indianischer Name lautet Kerepakupai Vená. Das bedeutet „Sturz des tiefsten Platzes". Er ist der längste Wasserfall der Welt. Der breiteste Wasserfall dagegen sind die Victoriafälle in Afrika an der Grenze zwischen Sambia und Simbabwe. Im Winter, wenn der Sambesifluss voller Wasser ist, stürzt hier ein über 1700 Meter breiter Wasservorhang 99 Meter in die Tiefe. Das sind manchmal fast zehn Millionen Liter in der Sekunde. Der afrikanische Name der Victoriafälle lautet Mosi-oa-Tunya. Das bedeutet „donnernder Rauch".

Die Victoriafälle in Afrika

Der mächtigste Geysir

Weißt du, was ein Geysir ist? Ein Geysir ist eine Quelle, aus der in regelmäßigen Abständen heißes Wasser in einer Fontäne nach oben geschleudert wird. Berühmt für ihre Geysire ist vor allem die Insel Island. Den größten Geysir der Welt findet man aber im Yellowstone-Nationalpark in den USA. Er wird Steamboat-Geysir, also Dampfschiff-Geysir, genannt und kann sein Wasser bis zu 130 Meter in den Himmel spritzen. Allerdings tut er das nur alle paar Jahre. Dazwischen begnügt er sich mit kleineren Ausbrüchen von etwa drei bis fünf Metern. Noch größer war der Waimangu-Geysir in Neuseeland mit 460 Metern Höhe. Aber er wurde im Jahr 1904 bei einem Erdrutsch verschüttet.

HIMMEL & ERDE

Das stärkste Erdbeben

Das stärkste Erdbeben, das die Forscher jemals gemessen haben, fand im Jahr 1960 in Valdivia in Chile statt. Es löste zahlreiche Erdrutsche, hohe Flutwellen und sogar Vulkanausbrüche aus und veränderte teilweise die Landschaft völlig. Ungefähr zwei Millionen Menschen verloren ihre Häuser. Aber weil die Bevölkerung gewarnt worden war, starben nur etwa 1600 Menschen. Das ist für ein so starkes Erdbeben nicht viel. Bei dem viel schwächeren Erdbeben in Haiti im Jahr 2010 starben zum Beispiel mindestens 250.000 Menschen.

Nach dem Erdbeben in Valdivia, Chile, im Jahre 1960

Der schlimmste Hurrikan

Jeden Sommer und Herbst verfolgen die Bewohner an der Ostküste Nordamerikas voller Sorgen die Wetternachrichten. Denn in dieser Zeit bilden sich dort immer gefährliche Wirbelstürme, die Hurrikane. Vielleicht hast du auch schon von ihnen gehört. Im Jahr 2005 beispielsweise hat der Hurrikan Katrina große Teile der Stadt New Orleans zerstört. Doch der schlimmste Hurrikan tobte nicht in unserer Zeit, sondern im Jahr 1780. Er traf vor allem einige der karibischen Inseln wie Martinique oder Barbados. Wahrscheinlich starben mehr als 20.000 Menschen.

Schäden nach dem Hurrikan Katrina in New Orleans

89

SPEZIAL

Unsere Erde

Gemessen am gesamten Universum erscheint die Erde nur wie ein Staubkorn. Auch unter den Planeten unseres Sonnensystems ist sie nur der fünftgrößte. Doch für sich genommen ist sie natürlich trotzdem noch gewaltig.

Der Umfang der Erde beträgt ziemlich genau 40.000 Kilometer. Außerdem ist sie 5,5 Quadrillionen Kilogramm schwer. Eine Quadrillion ist eine Eins mit 24 Nullen. Entstanden ist sie vor etwa 4,6 Milliarden Jahren. Am Anfang war sie wohl sehr heiß. Vor vier Milliarden Jahren kühlte sie ab. Erste einzellige Lebewesen entwickelten sich erst vor 3,5 Milliarden Jahren.

Die Luftschicht um die Erde, die wir zum Atmen brauchen, begann sich vor etwa zwei Milliarden Jahren zu bilden. Aber erst seit etwa 350 Millionen Jahren enthält sie genügend Sauerstoff, damit Menschen und größere Tiere atmen und somit auf der Erde leben können. Zu verdanken haben wir das den Pflanzen. Sie können nämlich Kohlendioxid, ein anderes Gas aus der Luft, das für den Menschen nicht gut ist, in wertvollen Sauerstoff umwandeln.

SPEZIAL

Während dieser Zeit, in der sich die Luftschicht bildete, gab es nur einen großen Kontinent auf der Erde. Die Forscher nennen ihn Pangäa (ganze Erde). Dieser Kontinent brach vor etwa 135 Millionen Jahren auseinander. Der Grund dafür liegt im Inneren der Erde. Ganz innen befindet sich ein Kern aus Eisen und Nickel. Er ist wahrscheinlich etwa 6000 Grad Celsius heiß und fest. Um diesen Kern herum aber gibt es eine dicke Schicht aus geschmolzenem Metall. Sie ist auch noch über 3000 Grad Celsius heiß. Dann folgt der Erdmantel aus flüssigem Gestein, dem Magma. Auf dieser flüssigen Schicht „schwimmt" die Erdkruste. Sie ist fest, kann aber immer wieder aufreißen. Dann steigt heiße Lava aus dem Erdinneren nach oben. Heute passiert das bei Vulkanausbrüchen, früher jedoch waren die Bewegungen der Erdkruste so heftig, dass der Kontinent Pangäa zerstört wurde und in lauter einzelne Teile zerrissen wurde – in unsere heutigen Kontinente.

Insgesamt ist die Erdoberfläche 510 Millionen Quadratkilometer groß. 360 Millionen davon sind Wasser, knapp 150 Millionen sind Land. Der größte Ozean ist der Pazifik mit 181 Millionen Quadratkilometern. Dann folgen der Atlantik und der Indische Ozean. Menschen leben auf der Erde seit etwa 2,5 Millionen Jahren. Alle stammen ursprünglich aus Afrika. Aber im Laufe der Zeit verteilten sie sich auf der ganzen Erde. Zuerst breiteten sie sich im Nahen Osten aus, dann in Europa, Asien, Australien und ganz zum Schluss in Amerika. Heute leben etwa 7,3 Milliarden Menschen auf der Erde.

HIMMEL & ERDE

Der wärmste Ort der Erde

Magst du es gern warm? Aber selbst dann wäre es dir am 10. Juli 1913 im kalifornischen Death Valley – das bedeutet „Tal des Todes" – ganz sicher auch zu heiß geworden. Dort wurden nämlich 56,7 Grad Celsius gemessen. Das ist die höchste Temperatur, die man jemals auf der Erde ermittelt hat. Allerdings gibt es sehr heiße Gegenden, in denen es keine offiziellen Messstationen gibt. In der Wüste Lut im Iran zum Beispiel oder in der Westsahara. Möglicherweise wird es dort im Sommer manchmal noch heißer. So wurden in der Wüste Lut schon einmal 70,7 Grad Celsius per Satellit gemessen. Aber weil dort kein Mensch lebt, ist es nicht so wichtig, wie viel Grad Celsius es genau hat.

Die Wüste Lut

Der kälteste Ort der Erde

Minus 89,2 Grad Celsius wurden am 21. Juli 1983 auf der russischen Forschungsstation Wostok in der Antarktis gemessen. Kannst du dir das vorstellen? Wie sich wohl die Wissenschaftler gefühlt haben, die zu dieser Zeit auf der Station lebten? Wenn man die Antarktis weglässt und nur Messungen aus Orten nimmt, an denen normal Menschen leben, dann ist die Provinz Jakutien im Nordosten von Russland am kältesten. Dort wurden Temperaturen von minus 67,8 Grad Celsius gemessen.

Die Provinz Jakutien

HIMMEL & ERDE

Der nasseste Ort der Erde

Der indische Bundesstaat Meghalaya liegt ganz im Osten des Landes, am Südrand des Himalaja. Sein Name bedeutet übersetzt „Heimstätte der Wolken". Denn nirgendwo auf der Erde regnet es so viel wie hier. Vom Sommer 1860 bis zum Sommer 1861 fielen hier innerhalb eines Jahres mehr als 26.460 Liter Regen pro Quadratmeter. Auch in normalen Jahren sind es noch über 11.000 Liter pro Quadratmeter. In Deutschland dagegen misst man im Durchschnitt nicht ganz 750 Liter pro Quadratmeter.

Brücke im indischen Bundesstaat Meghalaya

Der trockenste Ort der Erde

In der Atacama-Wüste in Chile gibt es Orte, wo sich niemand an einen Tropfen Regen erinnern kann. Manche Forscher meinen sogar, es hätte hier seit mehreren Hundert Jahren nicht geregnet. Das liegt daran, dass alle Wolken vom Westen an den hohen Gipfeln der Anden „hängen bleiben" und sich dort ausregnen. Aber es gibt noch trockenere Orte. Das sind einige Täler im Osten der Antarktis. Hier gibt es keinen Schnee und kein Eis, weil es wahrscheinlich seit Tausenden, vielleicht sogar Millionen von Jahren nicht geschneit oder geregnet hat. Krass, oder?

Abenddämmerung in der Atacama-Wüste in Chile

HIMMEL & ERDE

Das größte Land

Wahrscheinlich kannst du es dir denken: Das größte Land der Erde ist Russland. Es ist über 17 Millionen Quadratkilometer groß. Es ist so groß, dass es über zwei Kontinente reicht. Knapp vier Millionen Quadratkilometer liegen in Europa, mehr als 13 Millionen Quadratkilometer in Asien. Den asiatischen Teil Russlands nennt man auch Sibirien. Er ist sehr kalt und dünn besiedelt. Im Schnitt leben dort nicht einmal drei Menschen pro Quadratkilometer. Das kleinste Land der Erde ist übrigens der Vatikan, wo der Papst wohnt. Es ist nicht einmal 0,5 Quadratkilometer groß.

Die größte Stadt

Wenn man alle Vorstädte mitzählt, dann ist die japanische Hauptstadt Tokio mit 37,8 Millionen Einwohnern am größten. Darauf folgt die indische Hauptstadt Delhi mit 25 Millionen Einwohnern. Als drittgrößte Stadt gilt Schanghai in China, dort wohnen 23 Millionen Menschen. Aber es ist natürlich schwierig, in solchen Riesenstädten den Überblick zu behalten, vor allem auch, weil sich nicht alle Menschen, die dort wohnen, anmelden.

Tokio bei Nacht

HIMMEL & ERDE

Die dreckigste Luft

Kennst du das aus den Fernsehnachrichten: Städte, in denen man kaum etwas sehen kann, weil die Luft so dreckig ist? Oft stammen solche Bilder aus der chinesischen Hauptstadt Peking. Doch neueste Forschungen der Weltgesundheitsorganisation haben ergeben, dass die Luft in der indischen Stadt Delhi am schlechtesten ist. Am dreckigsten wird die Luft aber immer dann, wenn in einer Gegend große Waldbrände toben, wie das zum Beispiel oft in Indonesien der Fall ist.

Schwerer Smog über Delhi in Indien

Die größte Müllkippe

Vielleicht hast du schon Bilder von den großen Müllkippen in den armen Ländern gesehen. Sie sind oft so groß wie ein Dutzend Fußballfelder, und viele Menschen, auch Kinder, suchen darin nach Dingen, die man noch verwerten kann. Größer aber als alle Mülldeponien an Land ist eine im Meer. Sie wurde allerdings nicht absichtlich angelegt. Doch durch die Meeresströmungen wird der meiste Müll, der in das Meer geworfen wird, in großen Wirbeln gesammelt. Vor allem im Nordpazifikwirbel zwischen Asien und Nordamerika hat sich auf Tausenden von Quadratkilometern ein regelrechter Teppich aus Plastikmüll angehäuft.

TECHNIK & ARCHITEKTUR

Das schnellste Auto

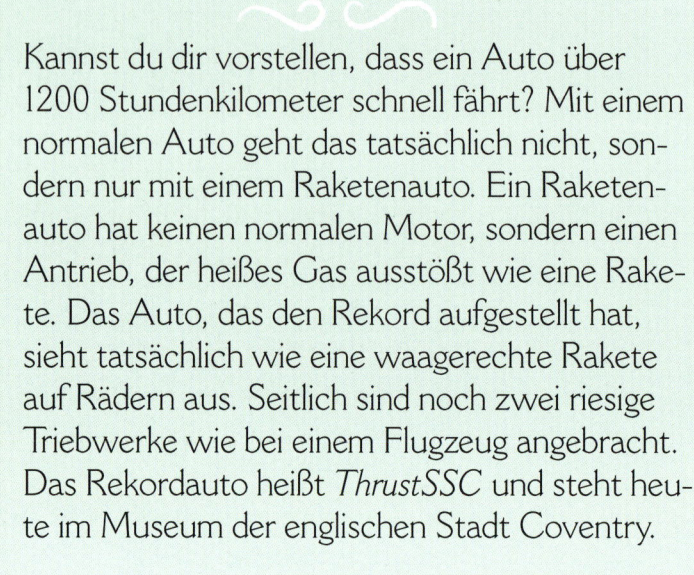

Kannst du dir vorstellen, dass ein Auto über 1200 Stundenkilometer schnell fährt? Mit einem normalen Auto geht das tatsächlich nicht, sondern nur mit einem Raketenauto. Ein Raketenauto hat keinen normalen Motor, sondern einen Antrieb, der heißes Gas ausstößt wie eine Rakete. Das Auto, das den Rekord aufgestellt hat, sieht tatsächlich wie eine waagerechte Rakete auf Rädern aus. Seitlich sind noch zwei riesige Triebwerke wie bei einem Flugzeug angebracht. Das Rekordauto heißt *ThrustSSC* und steht heute im Museum der englischen Stadt Coventry.

Das schnellste serienmäßige Auto

Raketenautos dürfen natürlich nicht auf der Straße fahren. Das schnellste Auto, das eine Straßenzulassung hat, ist der *Bugatti Veyron 16.4. Super Sport*. Seine Rekordgeschwindigkeit liegt bei 431 Stundenkilometern. Aber auf einer normalen Straße kann er natürlich bei Weitem nicht so schnell fahren, weil er sonst andere Autofahrer gefährden würde. Auch auf Autobahnen soll man eigentlich nicht mehr als 130 Stundenkilometer fahren. Wer schneller ist, kann bei einem Unfall eine Mitschuld bekommen, auch wenn der andere Fahrer einen Fehler gemacht hat.

TECHNIK & ARCHITEKTUR

Das größte Schiff

Das größte Schiff der Welt war ein Tanker, der im Laufe seines Lebens viele Namen hatte, zum Beispiel *Porthos*, *Happy Giant* („Glücklicher Riese"), *Jahre Viking* oder *Knock Nevis*. Als es 1975 gebaut wurde, war es schon 378,45 Meter lang. Später wurde es auf gigantische 458,45 Meter verlängert. Doch diese Größe machte auch Probleme. Das Schiff brauchte sechs Kilometer zum Bremsen. Daher durfte es nicht durch Kanäle wie den Suezkanal oder den Ärmelkanal fahren und konnte auch die meisten Häfen nicht anlaufen. Zum Schluss benutzte man es nur noch, um dort Öl zu lagern, aber nicht mehr für den Transport.

Das größte Segelschiff

Hast du schon einmal ein Segelschiff mit sieben Masten gesehen? Bestimmt nicht, denn solche riesigen Segler wurden nur wenige gebaut. Der größte von ihnen war mit 140 Metern Länge ein US-amerikanisches Schiff mit dem Namen *Thomas W. Lawson*. Es war aber ziemlich schwer zu segeln und sank im Jahr 1907 bei einem Sturm. Noch länger, nämlich 146,5 Meter, war die *France 2*. Sie hatte aber nur fünf Masten. Noch einen halben Meter länger war das deutsche Schiff *Preußen*. Doch es war weniger breit und so insgesamt kleiner. Das größte Segelschiff, das es heute gibt, ist die *Sailing Yacht A*, die einem russischen Milliardär gehört. Sie hat drei Masten und ist 142 Meter lang.

Die *Sailing Yacht A*

97

TECHNIK & ARCHITEKTUR

Der schnellste Segler

Sailrocket – „Segelrakete" – heißt das Boot, das 2012 den neuen Geschwindigkeitsrekord im Segeln aufgestellt hat. Der liegt nun bei mehr als 120 Stundenkilometern. Einen Rumpf wie normale Boote hat die *Sailrocket* nicht. Sie wurde extra so gebaut, dass sie möglichst schnell ist. Aber es ist keineswegs selbstverständlich, dass ein Boot den Segelrekord hält. Vor der *Sailrocket* war der schnellste Segler Robert Douglas (geboren 1971), ein US-amerikanischer Surfer, der nur mit einem Surfbrett und einem speziellen Lenkdrachen – einem Kite – über 103 Stundenkilometer erreichte. Wahnsinn, oder? Beide Rekorde wurden übrigens vor der Küste von Namibia aufgestellt, weil da besonders gute Windverhältnisse herrschen.

Die schnellste Weltumrundung

In 80 Tagen um die Welt heißt ein berühmtes Buch von Jules Verne (1828–1905) aus dem Jahr 1873. Dank neuer Eisenbahnlinien und Schiffsverbindungen wurde es damals tatsächlich möglich, in dieser Zeit die ganze Welt zu umrunden. Im Zeitalter des Flugzeugs geht das natürlich schneller. 1995 flog eine Concorde-Maschine in 31 Stunden und 27 Minuten um die Erde. Das sind nicht einmal anderthalb Tage. Dieser Rekord gilt noch heute.

TECHNIK & ARCHITEKTUR

Das schnellste Flugzeug

3529 Stundenkilometer schnell flog der US-amerikanische Pilot Eldon Joersz (geboren 1944) am 28. Juli 1976 mit seiner *Lockheed SR-71 Blackbird*. Die *Blackbird* war ein Militärflugzeug, das der Aufklärung diente. Das bedeutet, dass es nicht zum Kampf eingesetzt wurde, sondern über das Gebiet des Gegners flog und zum Beispiel feststellte, wo sich Armeen sammelten. Damit Aufklärungsflugzeuge vom Feind nicht abgeschossen werden, müssen sie besonders schnell sein. Doch natürlich sind so schnelle Flüge schwierig. Von 32 *Blackbird*-Maschinen, die jemals gebaut wurden, sind zwölf verunglückt. Heute benutzt man deshalb lieber Satelliten zur Aufklärung.

Das größte Flugzeug

Mit dem *Airbus 380* fliegt seit 2007 das größte Passagierflugzeug der Welt. Es ist 72,3 Meter lang und kann auf zwei Decks rund 560 Passagiere befördern. Doch das größte Flugzeug aller Zeiten ist ein Frachtflugzeug: die *Antonow AN-225*. Es gibt nur ein einziges Exemplar davon. Es wurde 1988 in der Sowjetunion gebaut und fliegt immer noch. Die *Antonow* ist 84 Meter lang und kann 250 Tonnen Fracht transportieren. Im Jahr 2010 hat sie zum Beispiel mal einen 190 Tonnen schweren Generator für ein Kraftwerk geflogen. So ein großes Gerät wurde sonst noch nie mit einem Flugzeug transportiert.

TECHNIK & ARCHITEKTUR

Das größte Luftgefährt

Kannst du dir vorstellen, in einem Zeppelin nach Amerika zu fliegen? In den Jahren 1936 und 1937 flog die *Hindenburg* mehr als 60-mal über den Atlantik. In dem riesigen, gasgefüllten Körper des Zeppelins waren an der Unterseite zwei Passagierdecks eingebaut, die mit Kabinen, Duschen, Restaurants und Gesellschaftssälen luxuriös ausgestattet waren. Mit einer Länge von mehr als 246 Metern und einer Höhe von über 41 Metern war die *Hindenburg* das größte Luftgefährt aller Zeiten, größer als alle Jumbojets. Doch am 6. Mai 1937 ging sie bei der Landung in Flammen auf. 36 Menschen starben. Danach wollte niemand mehr Passagier-Zeppeline bauen.

Der größte Satellit

Weißt du, was ein Satellit ist? Darunter versteht man einen Gegenstand, der im Weltraum einen anderen auf einer festen Bahn umkreist. Im Grunde ist auch der Mond ein Satellit der Erde. Aber normalerweise meint man mit dem Wort nur künstliche Flugkörper, also Flugkörper, die von Menschen entwickelt wurden. Inzwischen kreisen Tausende künstliche Satelliten im All. Man braucht sie für Fernseh- und Radioübertragungen, Wetterforschung oder Navigationsgeräte. Der größte dieser Satelliten ist die Raumstation *ISS*. Sie fliegt genauso auf einer Umlaufbahn um die Erde wie all die kleinen Satelliten.

TECHNIK & ARCHITEKTUR

Die stärkste Rakete

Bisher gab es nur eine Rakete, die stark genug war, um Menschen bis auf den Mond zu bringen. Das war die US-amerikanische *Saturn V*. Das V ist das alte römische Zeichen für die Zahl Fünf. Denn insgesamt entwickelten die US-Amerikaner im Laufe der Zeit fünf verschiedene Saturn-Raketen, von denen die letzte die stärkste war. Alle Raketen, die heute ins All geschossen werden, sind viel schwächer. Aber sie müssen ja auch nicht bis zum Mond fliegen, sondern nur etwa 400 Kilometer hoch in die Umlaufbahn. Dort setzen sie Satelliten aus oder bringen Astronauten zur Weltraumstation *ISS*.

Die weiteste Raummission

Um den Weltraum zu erforschen, müssen keine Menschen ins All fliegen. Man kann auch Raumsonden mit Messinstrumenten losschicken, die Informationen zur Erde übertragen. Die Raumsonde, die bisher am weitesten gekommen ist, heißt *Voyager 1*. Sie ist seit 1977 unterwegs und zurzeit etwa 20 Milliarden Kilometer von der Erde entfernt. Im Laufe ihrer Reise hat sie tolle Bilder vom Jupiter und Saturn aufgenommen. Inzwischen ist sie längst an allen Planeten vorbeigeflogen. Im August 2012 erreichte sie dann als erste Mission den interstellaren Raum, also den Bereich zwischen den Sternen. In etwa fünf Jahren wird ihre Energie allerdings immer geringer werden. Dann wird die Mission 22 Billionen Kilometer von der Sonne entfernt ihr Ende nehmen. Die *Voyager* wird dann, ohne Daten zu senden, weiter durch den Weltraum gleiten.

SPEZIAL

Motoren

Zu den wichtigsten technischen Erfindungen gehören Motoren. Ein Motor ist ein künstlicher Antrieb, der nicht nur Autos fahren lässt.

Bevor Motoren erfunden wurden, mussten die Menschen alles aus eigener Kraft machen. Oder sie verwendeten Tiere dafür. Ochsen und Pferde wurden nicht nur vor Wägen gespannt und zum Pflügen der Felder eingesetzt. Man trieb sie auch stundenlang im Kreis, um damit zum Beispiel eine Mühle oder eine Pumpe anzutreiben. Das war natürlich nicht schön für die Tiere. Andere Alternativen waren Wasser- oder Windmühlen, die aber nur an einem Fluss funktionierten oder wenn genügend Wind blies.

Der erste brauchbare, künstliche Motor war die Dampfmaschine, die 1712 von dem englischen Erfinder Thomas Newcomen (1663–1729) konstruiert und von James Watt (1736–1819) maßgeblich weiterentwickelt wurde. Dabei wird Wasser so lange erhitzt, bis es verdampft. Der Wasserdampf dehnt sich aus und bewegt einen Kolben und der Kolben wiederum eine Maschine. Mit der Dampfmaschine konnte man eine große Menge verschiedener Maschinen antreiben.

1804 erfand dann der Brite Richard Trevithick (1771–1883) die Dampflokomotive, indem er eine Dampfmaschine auf Räder montierte. 1807 entwickelte der US-Amerikaner Robert Fulton (1765–1815) ein Dampfschiff. So konnten die Menschen schneller und besser reisen als mit Pferdekutsche oder Segelschiff. Aber Dampfmaschinen sind ziemlich groß und schwer.

SPEZIAL

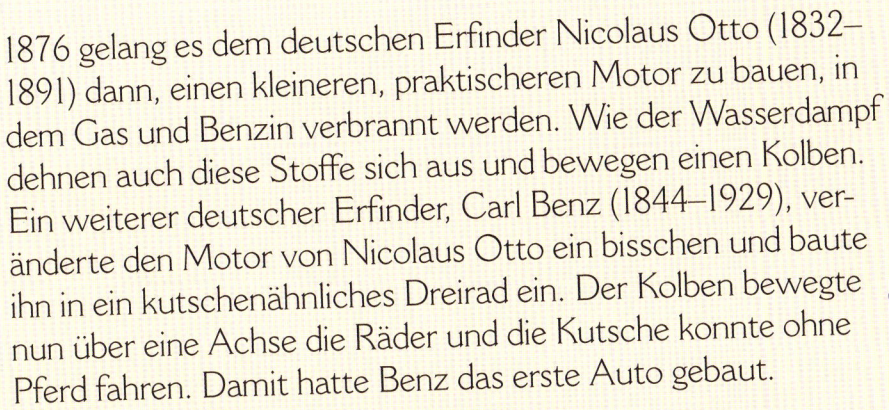

1876 gelang es dem deutschen Erfinder Nicolaus Otto (1832–1891) dann, einen kleineren, praktischeren Motor zu bauen, in dem Gas und Benzin verbrannt werden. Wie der Wasserdampf dehnen auch diese Stoffe sich aus und bewegen einen Kolben. Ein weiterer deutscher Erfinder, Carl Benz (1844–1929), veränderte den Motor von Nicolaus Otto ein bisschen und baute ihn in ein kutschenähnliches Dreirad ein. Der Kolben bewegte nun über eine Achse die Räder und die Kutsche konnte ohne Pferd fahren. Damit hatte Benz das erste Auto gebaut.

Aber noch praktischer als ein Ottomotor ist ein Elektromotor. Doch lange Zeit konnte man Strom nur mit Batterien erzeugen, die ziemlich schwach sind. 1866 entdeckte der deutsche Erfinder Werner von Siemens (1816–1892) jedoch ein Verfahren, wie man mit einem Verbrennungsmotor elektrischen Strom erzeugen kann. Nun wurden große Kraftwerke und Stromnetze gebaut. Über Stromkabel konnten so überall Motoren betrieben werden, sehr kleine, aber auch sehr große und starke. Im Gegensatz zu den Dampfmaschinen und Automotoren findet im Elektromotor keine Verbrennung statt. Die stinkenden und gesundheitsschädlichen Abgase entstehen also nur in den Kraftwerken, wo der Strom erzeugt wird.

Um eine Rakete ins Weltall zu schicken, sind all diese Motoren aber nicht stark genug. Dazu braucht es einen Raketenantrieb, bei dem heiße Gase mit rasanter Geschwindigkeit von den Triebwerken nach hinten ausgestoßen werden. Kleine Raketen, die als Feuerwerkskörper oder auch als Waffen benutzt wurden, gab es in China schon im Mittelalter. Die erste moderne Rakete baute der US-Amerikaner Robert Goddard (1882–1945) im Jahr 1926.

TECHNIK & ARCHITEKTUR

Der schnellste Personenzug

Mit bis zu 380 Kilometern in der Stunde flitzt der chinesische Hochgeschwindigkeitszug *CRH380A* unter anderem von Peking nach Schanghai und zurück. Würdest du auch gern so schnell Zug fahren? In Deutschland geht das nicht. Ein ICE ist normalerweise mit nicht mehr als 300 Stundenkilometern, im Höchstfall mit 330 Stundenkilometern unterwegs. Dabei sind auch ICEs in Versuchen schon über 400 Stundenkilometer schnell gefahren. Doch die Bahnchefs finden, dass so schnelles Fahren zu gefährlich ist, zu viel Energie braucht, die Züge zu schnell kaputt macht und außerdem nicht nötig ist. Auch die französische Bahn fährt regulär nicht über 320 Stundenkilometer, obwohl sie schon mal 574,8 Stundenkilometer geschafft hat. Das ist Weltrekord!

Das schnellste Schienenfahrzeug

Hast du schon einmal festgestellt, dass zwei Magneten einander abstoßen? Die Abstoßung ist so stark, dass ein Zug, in dem ein starker Magnet eingebaut ist, über einer Schiene schweben kann, in der sich ein anderer Magnet befindet. Eine Magnetschwebebahn kann deshalb schneller fahren als ein Zug, weil sie nicht durch die Reibung zwischen Rädern und Schiene gebremst wird. Den Rekord hält derzeit der japanische Magnetschwebezug *Shinkansen LO* mit 603 Stundenkilometern. Aber Magnetschwebebahnen brauchen wegen ihrer schnellen Fahrt viel mehr Energie als die normalen Züge mit geringerer Geschwindigkeit.

Der Magnetschwebezug *Shinkansen LO*

TECHNIK & ARCHITEKTUR

Die genaueste Uhr

Kennst du das, dass Uhren manchmal falsch gehen? Das liegt daran, dass ihr Mechanismus nicht ganz genau eingestellt werden kann. Selbst wenn sie statt einer Sekunde nur eine Winzigkeit mehr oder weniger messen, wird daraus nach vielen Sekunden ein Fehler, den man merkt. Die Wissenschaftler der University of Colorado im US-amerikanischen Boulder haben jetzt aber eine Uhr hergestellt, die angeblich in 15 Milliarden Jahren höchstens eine Sekunde falsch geht. Mit dieser Uhr kann man sogar messen, dass die Zeit im Weltall ein bisschen anders geht als auf der Erde. Toll, was?

Geht deine Uhr genau?

Der schnellste Computer

Eigentlich ist auch ein normaler Computer schon blitzschnell, oder? Kaum hast du etwas eingetippt, erscheint das Gewünschte auch schon auf dem Bildschirm. Aber einen Text zu schreiben oder eine Seite im Internet zu suchen, ist für einen Computer ziemlich einfach. Wenn sich dagegen die Figuren eines Computerspiels auf dem Bildschirm bewegen, muss der Rechner ziemlich viel auf einmal machen, damit alle Veränderungen sofort zu sehen sind. Wenn man ausdrücken will, wie viele verschiedene Dinge ein Computer auf einmal machen kann, nennt man das Rechenleistung. Die größte Rechenleistung hat ein chinesischer Computer namens *Sunway TaihuLight*. Er kann Billiarden verschiedener Dinge auf einmal tun.

105

TECHNIK & ARCHITEKTUR

Das höchste Gebäude

Lange waren Sendemasten die höchsten Gebäude auf der Welt. Den Rekord hielt ein Mast mit 628 Metern in den USA. Der größte Wolkenkratzer dagegen in Taipeh, der Hauptstadt Taiwans, war „nur" 508 Meter hoch. Doch zwischen 2004 und 2009 wurde in Dubai in den Vereinigten Arabischen Emiraten der Burj Khalifa gebaut und im Jahre 2010 eingeweiht. Dieser Wolkenkratzer schlug alle Rekorde. Mit 828 Metern ist er das höchste Bauwerk der Welt. Es hat 163 Etagen, auf denen sich Geschäfte, Büros, Wohnungen, Hotels und Restaurants befinden.

Die größte Kirche

Sicher kennst du den Petersdom in Rom. Er ist mehr als 211 Meter lang und bietet Platz für etwa 20.000 Menschen. Damit ist er die größte Kirche der Welt. Den höchsten Innenraum allerdings hat die Kathedrale von Beauvais in Frankreich. Er ist 48,5 Meter hoch, während das Kirchenschiff des Petersdoms nur 46 Meter misst. Von außen gesehen ist dagegen das Ulmer Münster mit seinem 162 Meter hohen Turm die höchste Kirche der Welt, während die Kuppel des Petersdoms nur 132 Meter hoch ist. Aber insgesamt sind die Kirchen in Beauvais und Ulm natürlich viel kleiner als die Kirche in Rom.

Der Petersdom in Rom

TECHNIK & ARCHITEKTUR

Das größte Museum

Die New Yorker nennen ihr Kunstmuseum meistens nur Met. Richtig heißt es Metropolitan Museum of Art und ist das größte Museum der Welt. Hier werden Kunstwerke aller Länder und Zeiten gezeigt. Noch mehr Besucher – nämlich fast zehn Millionen im Jahr – hat aber der Louvre in Paris. Er ist das drittgrößte Museum der Welt und im alten Stadtschloss der französischen Könige untergebracht. Das größte Technikmuseum ist das Deutsche Museum in München. Hast du es schon einmal besucht?

Der Louvre in Paris

Der größte Bahnhof

Die Größe eines Bahnhofs richtet sich danach, wie viele Gleise er hat. Warst du schon einmal am Münchner Hauptbahnhof? Er hat 34 Gleise. Damit ist er der zweitgrößte Bahnhof der Welt. Noch viel mehr Gleise, nämlich 67, hat der Bahnhof von Manhattan in New York. Er heißt Grand Central Terminal oder Grand Central Station. 26 der Gleise verlaufen unter der Erde. Die Bahnhöfe von München und Manhattan haben aber nur deshalb so viele Gleise, weil alle Züge hier enden und rückwärts aus dem Bahnhof wieder hinausfahren müssen. Bahnhöfe dagegen, durch die die Züge hindurchfahren können, sind viel praktischer. Sie brauchen auch nicht so viele Gleise.

Die Grand Central Station in Manhattan, New York

TECHNIK & ARCHITEKTUR

Das längste Bauwerk der Welt

Über 21.000 Kilometer lang ist die Chinesische Mauer. Die chinesischen Kaiser ließen sie errichten, um ihr Reich gegen feindliche Reiterscharen zu sichern. An der Mauer wurde insgesamt rund 2000 Jahre lang gebaut. Deshalb sehen die einzelnen Teile auch ganz unterschiedlich aus. Heute sind viele davon verfallen. Wenn man nur die intakten Teile zählt, dann ist die Chinesische Mauer lediglich etwas mehr als 6000 Kilometer lang. Das längste Bauwerk der Welt ist sie aber trotzdem noch.

Die größte Kuppel

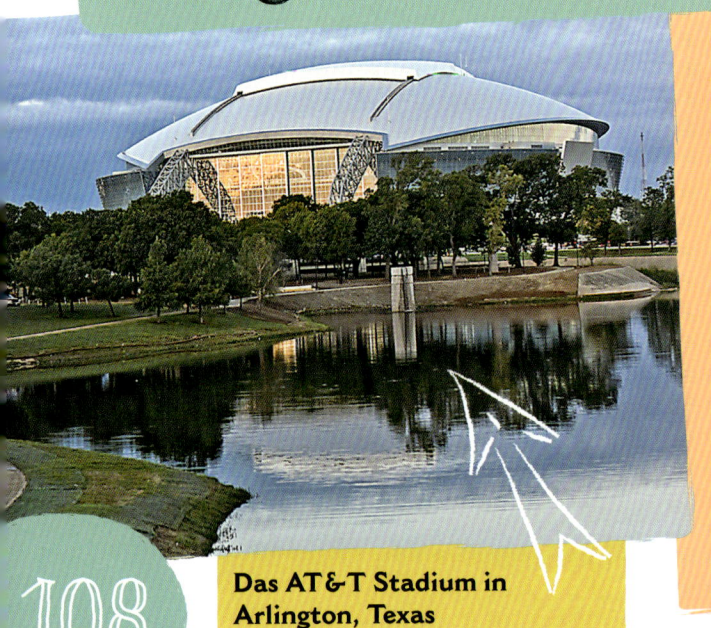

Kuppeln zu bauen ist besonders schwierig. So war die Kuppel des antiken Tempels Pantheon in Rom mit einem Durchmesser von 43 Metern 1700 Jahre lang die größte Kuppel der Welt. Danach folgte für mehr als 400 Jahre die Kuppel des Doms von Florenz mit 45 Metern Durchmesser. Heute verfügen die Baumeister aber über viel bessere Techniken und können deshalb auch größere Kuppeln bauen. Die größte hat einen Durchmesser von 275 Metern. Sie gehört zum AT&T Stadium in Arlington in den USA. Dort tragen die Dallas Cowboys, eine Football-Mannschaft, ihre Spiele aus.

Das AT&T Stadium in Arlington, Texas

TECHNIK & ARCHITEKTUR

Das größte Schloss

Hast du schon einmal vom Sonnenkönig gehört? So nannte man Ludwig XIV. von Frankreich. Er lebte von 1638 bis 1715 und war unglaublich reich und mächtig. Alle anderen Könige wollten sein wie er. In Versailles, in der Nähe von Paris, baute er das größte Schloss der Welt. Es hat über 2000 Zimmer. Der König selbst und seine Familie bewohnten 150 davon. In den anderen lebte der Hofstaat. Viele andere Fürsten versuchten damals, Versailles zu kopieren. Aber keiner hatte genug Geld, ein so großes Schloss zu bauen.

Die längste Burg

Auf einem hohen Bergrücken mitten in der Stadt Burghausen liegt die längste Burg der Welt. Sie ist über einen Kilometer lang. Erwähnt wurde sie erstmals im 11. Jahrhundert. Eine Zeit lang lebten hier bayerische Herzöge und die Burg diente ihnen auch als Grenzsicherung zu Österreich. Sie besteht aus sechs Höfen und sieht von unten wie eine ganze mittelalterliche Stadt aus. Doch die Burg ist sehr schmal. An den meisten Stellen ist sie nicht einmal 100 Meter breit. Die größte Burg der Welt ist dagegen die Marienburg in Malbork in Polen. Sie wurde von Ordensrittern gebaut und nimmt eine Fläche von über 170.000 Quadratmetern ein.

Die längste Burg der Welt steht in Burghausen.

TECHNIK & ARCHITEKTUR

Die höchste Pyramide

Die höchste Pyramide der Welt ist auch die berühmteste. Es ist die Cheops-Pyramide in Ägypten. Sie war einmal über 146 Meter hoch, heute sind es nur noch etwa 138 Meter. Aber schließlich ist es etwa 4600 Jahre her, dass sich der Pharao Cheops diese Pyramide bauen ließ, um darin begraben zu werden. Im Laufe der Zeit ist sie natürlich ein bisschen kaputtgegangen. Allerdings ist die Cheops-Pyramide nicht die größte der Welt. Das ist die Pyramide von Cholula in Mexiko. Sie ist zwar nur 66 Meter hoch, aber viel, viel breiter als die Cheops-Pyramide.

Der schiefste Turm

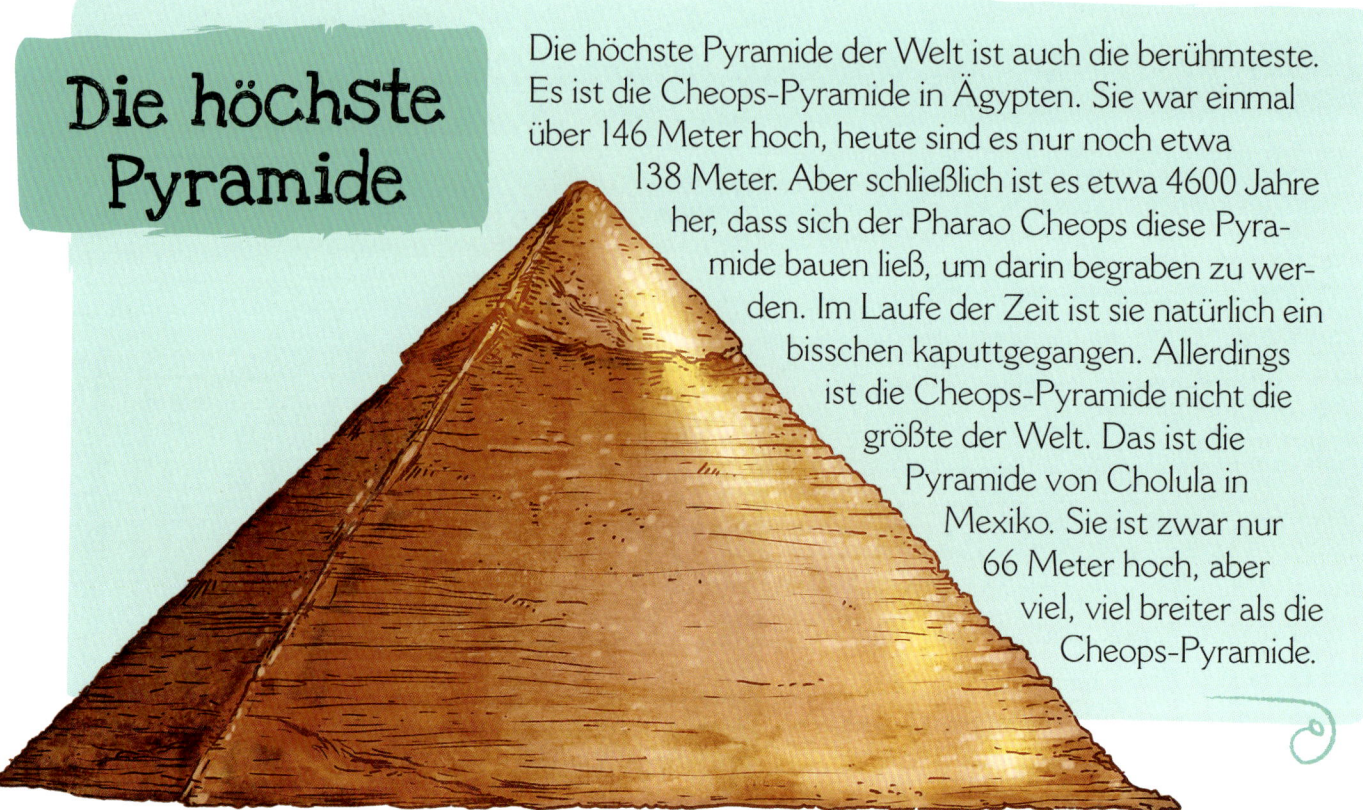

Den Schiefen Turm von Pisa kennt wahrscheinlich jeder. Weil sich der weiche Lehmboden, auf den der Turm gebaut wurde, durch dessen hohes Gewicht verformte, sackte er auf einer Seite weg. Seitdem steht er schief und ist ein beliebtes Fotomotiv. Doch der Turm der Kirche von Suurhusen in Ostfriesland ist noch viel schiefer. Er ist nämlich 5,19 Grad zur Seite geneigt, der Schiefe Turm von Pisa aber nur 3,97 Grad. Doch der Turm von Suurhusen ist nur 27 Meter hoch, der Schiefe Turm von Pisa 55 Meter. Außerdem ist er mit seinen weißen Marmorsäulen natürlich viel schöner als der Backsteinturm von Suurhusen.

Der schiefe Turm der Kirche von Suurhusen

TECHNIK & ARCHITEKTUR

Der größte Flughafen

Flughäfen misst man nach ihrem Passagieraufkommen. Das bedeutet: Man zählt, wie viele Menschen innerhalb eines Jahres an diesem Flughafen ankommen, abfliegen oder umsteigen. Auf dem Flughafen von Atlanta im US-amerikanischen Bundesstaat Georgia waren das im Jahr 2014 ziemlich genau 100 Millionen Menschen. Die meisten Menschen steigen hier nur um. Atlanta ist damit ein sogenanntes Luftdrehkreuz. Auch der größte deutsche Flughafen in Frankfurt am Main ist ein solches Drehkreuz. Er liegt mit rund 60 Millionen Passagieren auf Rang elf. Rechnet man nach Fläche, dann ist der Flughafen von Denver in den USA viel größer als alle anderen weltweit. Aber er hat nur rund 52 Millionen Passagiere, die pro Jahr dort landen.

Der Flughafen in Atlanta

Die größte Statue

Sicher kennst du die Freiheitsstatue von New York. Sie sieht beeindruckend aus, oder? Aber mit ihrer Gesamthöhe von 93 Metern und der 46 Meter hohen Figur ist sie bei Weitem nicht die größte Statue der Welt. Den Rekord hält eine Statue des indischen Religionsgründers Buddha in der chinesischen Region Lushan. Die mit Kupfer überzogene Statue ist 127 Meter hoch, das gesamte Denkmal mit Sockel sogar 208 Meter. Ob das Buddha gefallen hätte? Er predigte nämlich, dass weltliche Dinge und Besitz nicht wichtig sind.

Die Buddha-Statue von Lushan

TECHNIK & ARCHITEKTUR

Der höchste Schornstein

Warum werden Schornsteine so hoch gebaut? Damit die dreckige Luft, die rauskommt, möglichst weit weg von den Menschen, Tieren und Pflanzen ist. Der höchste Schornstein der Welt gehört zu einem Kohlekraftwerk in Kasachstan. Er ist 420 Meter hoch. In weiten Teilen der Welt ist es dagegen nicht mehr so wichtig, dass Schornsteine möglichst hoch sind. Denn in die Schornsteine werden Filter eingebaut, die die Abgase eines Kraftwerks ein Stück weit reinigen. Die Luft ist deshalb nicht mehr so dreckig.

Die Schornsteine von Kohlekraftwerken sind sehr hoch.

Die höchste Windkraftanlage

Fragst du dich, warum Windkraftanlagen so groß sind? Am Boden wird der Wind durch viele Gebäude, Bäume oder Hügel gebremst, während er in großer Höhe ungestört weht und so mehr Energie liefert, die von der Windkraftanlage in Strom umgewandelt werden kann. Der höchste Windrotor steht zurzeit im Windpark Nowy Tomyśl in Polen. Der Mast mit der Gondel, an der die Rotorblätter angebracht sind, ist 160 Meter hoch. Weil jedes Rotorblatt zudem 50 Meter lang ist, ergibt sich eine Gesamthöhe von 210 Metern.

TECHNIK & ARCHITEKTUR

Die längste Brücke

Auf der Eisenbahnstrecke zwischen Peking und Schanghai verkehrt nicht nur der schnellste Personenzug, er fährt auch über die längste Brücke der Welt: die Große Brücke Danyang–Kunshan. Sie ist fast 165 Kilometer lang. Meistens wird eine Brücke ja gebaut, um einen Fluss zu überqueren. Aber das Land zwischen Danyang und Kunshan, wo sich die Brücke befindet, ist mit einer Vielzahl von kleinen Flüssen, Kanälen, Seen, Straßen, Dörfern und Reisfeldern durchzogen. Anstatt viele kleine Brücken, Dämme und Bahnübergänge zu bauen, hat man einfach eine Brücke über alles hinweg errichtet.

Die höchste Brücke

Auch die höchste Brücke der Welt, die Siduhe-Brücke, befindet sich in China. Sie führt über die Schlucht des Siduhe-Flusses und ist 472 Meter hoch. Weil es natürlich sehr teuer ist, so eine Brücke zu bauen, müssen die Autofahrer, die sie benutzen, Maut bezahlen. Aber der Weg von der Hafenstadt Schanghai in die große Industriestadt Chongquing wird durch die Brücke viel kürzer. Weil die Schlucht des Siduhe sehr schmal ist, braucht die Brücke allerdings keinen Stützpfeiler, der bis zum Boden der Schlucht reicht. Stützpfeiler, die so lang sind, wurden bisher noch nie gebaut.

TECHNIK & ARCHITEKTUR

Der längste Eisenbahntunnel

2016 wurde der neue Eisenbahntunnel unter dem Gotthardmassiv in der Schweiz eröffnet. Mit einer Länge von 57 Kilometern ist er der längste Tunnel der Welt. Bis dahin hielt der Seikan-Tunnel in Japan den Rekord. Er ist 53 Kilometer lang und führt unter dem Meer hindurch. Auf diese Weise kann man zwischen den großen Inseln Hokkaidō und Honshō hin- und herreisen, ohne in ein Schiff umsteigen zu müssen. Denselben Zweck hat der Eurotunnel zwischen Frankreich und England. Aber er ist mit 50 Kilometern ein bisschen kürzer. Fändest du es spannend, einmal in einem so langen Tunnel unterwegs zu sein? Oder wäre dir ein Schiff doch lieber?

Der Gotthard-Basistunnel

Das tiefste Bergwerk

Ungefähr 4000 Meter tief sind die Minen von Western Deep Levels in Südafrika. 6000 Arbeiter suchen hier nach Gold und Uran. Fragst du dich, wie man in einer solchen Tiefe arbeiten kann? Das ist tatsächlich nicht einfach. In 4000 Metern Tiefe ist das Gestein etwa 60 Grad Celsius heiß. Die Bergbaufirma muss riesige Mengen an Eis in die Stollen pumpen, um es einigermaßen abzukühlen. Doch die Mine ist so ergiebig, dass die Bergbaufirma in den nächsten Jahren noch tiefer graben will – bis zu 5000 Meter. Wahnsinn, oder?

Arbeiter in einer Goldmine in Südafrika

TECHNIK & ARCHITEKTUR

Der größte künstliche Berg

Die Sophienhöhe in der Nähe von Jülich ist ein kleiner Bergrücken, der sich etwa 200 Meter über die Landschaft erhebt. Das Besondere: Die Sophienhöhe wurde mit Erde und Gestein aus der benachbarten Braunkohlegrube Hambach künstlich angelegt. Diese Grube besteht nicht aus Stollen und Gängen wie andere Bergwerke, sondern aus einer riesigen Grube von 85 Quadratkilometern Größe. Außer der Kohle wird dabei noch jede Menge „Abraum" herausgebaggert. So nennen die Bergleute Erde und Gestein, das sie nicht benötigen. Auch anderswo wird solcher Abraum für künstliche Berge benutzt. Aber keiner ist so hoch wie die Sophienhöhe.

Die größte künstliche Insel

Vielleicht hast du schon einmal davon gehört, dass vor der Küste von Dubai viele künstliche Inseln aufgeschüttet werden, die zusammen die Form einer Palme haben? Auf ihnen werden Feriengrundstücke angelegt. Auch einige Flughäfen in China und Japan befinden sich auf künstlich angelegten Inseln im Meer. Die größte künstliche Insel aber ist die über 2000 Quadratkilometer große René-Levasseur-Insel in Kanada. Dort wurde 1968 ein Fluss aufgestaut. Normalerweise bildet sich dann ein Stausee. Doch hier stand ein Meteoritenkrater im Weg. Der Fluss staute sich rund um den Krater und der Krater selbst wurde zur Insel, die heute ein Naturschutzgebiet ist.

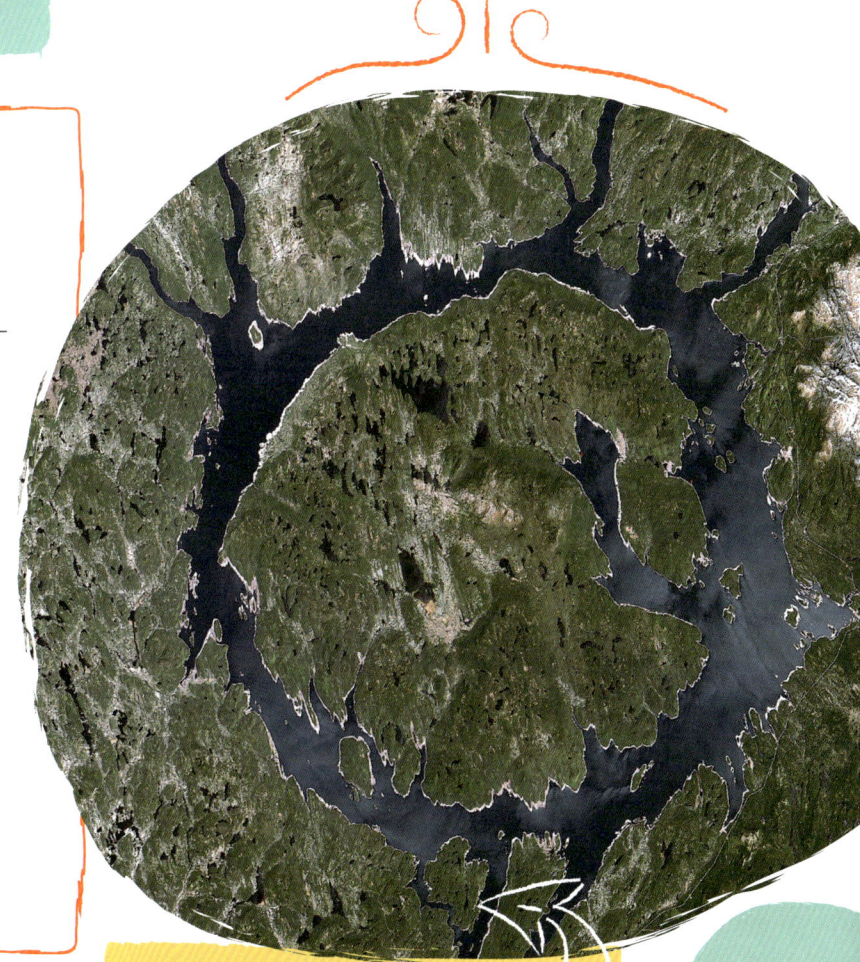

Die René-Levasseur-Insel in Kanada

TECHNIK & ARCHITEKTUR

Der größte Kanal

Vom Suezkanal oder vom Panamakanal hast du bestimmt schon gehört. Aber der größte Kanal, der jemals gebaut wurde, ist der Kaiserkanal in China. Er war mehr als 1800 Kilometer lang und verband die Hauptstadt Peking mit Hangzhou in der Nähe von Schanghai. Dabei kreuzt er mehrere große Flüsse. Die ersten Teilstücke wurden schon im 5. Jahrhundert vor Christi Geburt angelegt. Heute allerdings sind Teile davon verfallen. Andere können nur während weniger Monate im Jahr genutzt werden, wenn es genug Wasser gibt.

Der Kaiserkanal in China

Das längste Seekabel

Wie kommt es, dass du in alle Welt telefonieren, im Internet surfen oder über ein Smartphone Urlaubsbilder und Videos an deine Freunde und Verwandten schicken kannst? Dazu braucht es Kabelverbindungen. Am besten hochmoderne Glasfaserkabel, die besonders schnell Daten übertragen können. Das längste Kabel ist ein Unterwasser-Glasfaserkabel mit dem Namen *SEA-ME-WE3*. Es ist 38.000 Kilometer lang und verläuft von der Nordsee durch das Mittelmeer und das Rote Meer, rund um Indien und quer durch Indonesien nach Okinawa in Japan. Unterwegs gibt es viele Abzweigungen, die längste davon nach Perth in Australien. Diese Abzweigungen sind dann mit Netzen der jeweiligen Länder verbunden.

Querschnitt eines Seekabels

TECHNIK & ARCHITEKTUR

Die schnellste Achterbahn

Bevor die Fahrgäste die Formula-Rossa-Achterbahn in Abu Dhabi besteigen, müssen sie erst einmal Schutzbrillen aufsetzen. Das soll ihre Augen vor dem gewaltigen Fahrtwind schützen. Denn die Formula-Rossa-Bahn wird bis zu 240 Stundenkilometer schnell. Außerdem besteht das Hinterland von Abu Dhabi aus Wüste. Deshalb ist oft viel Sand in der Luft. Wenn er mit großer Geschwindigkeit in die Augen fliegt, kann er diese schädigen. Nicht ganz so schnell, nämlich nur 206 Stundenkilometer, ist die Achterbahn Kingda Ka im Six-Flags-Freizeitpark in New Jersey in den USA. Mit 139 Metern ist sie jedoch die höchste Achterbahn der Welt. Würdest du gern einmal damit fahren oder ist dir so viel Nervenkitzel eher unheimlich?

Die Formula-Rossa-Achterbahn in Abu Dhabi

Der höchste Springbrunnen

Mit einer gewaltigen Geschwindigkeit von 375 Stundenkilometern wird das Wasser aus dem König-Fahd-Springbrunnen in Dschidda 312 Meter hoch in die Luft geschleudert. Beim Fallen wird es dann vom Wind zu Schleiern verweht. Besonders schön sieht das nachts aus, wenn 500 Scheinwerfer die Fontäne beleuchten. Dschidda ist eine wichtige Hafenstadt in Saudi-Arabien. Der Springbrunnen befindet sich vor der Stadt im Meer und wird mit Salzwasser betrieben. Er ist von überall aus in der Stadt zu sehen.

BESONDERES & KURIOSES

Der größte Diamant

Über 600 Gramm wog der Cullinan-Diamant, der 1905 in einer Diamantenmine in Südafrika entdeckt wurde. Die Regierung von Südafrika kaufte ihn für 150.000 Pfund – was ziemlich billig war – und schenkte ihn dann dem englischen König Edward VII. (1841–1910) zum Geburtstag. Aber wer will sich schon einen 600 Gramm schweren, unregelmäßig geformten Klumpen umhängen? Der Cullinan wurde in viele kleine und neun große, schön geschliffene Edelsteine geteilt, die Krone und Szepter der englischen Könige schmücken. Wie wertvoll die Cullinan-Diamanten heute sind, kannst du daran ermessen, das einer der teuersten jemals verkauften Edelsteine, der Pink Star, nur knapp zwölf Gramm schwer ist. Trotzdem wurden mehr als 60 Millionen Euro dafür bezahlt.

Der Cullinan-Diamant (Rohfassung)

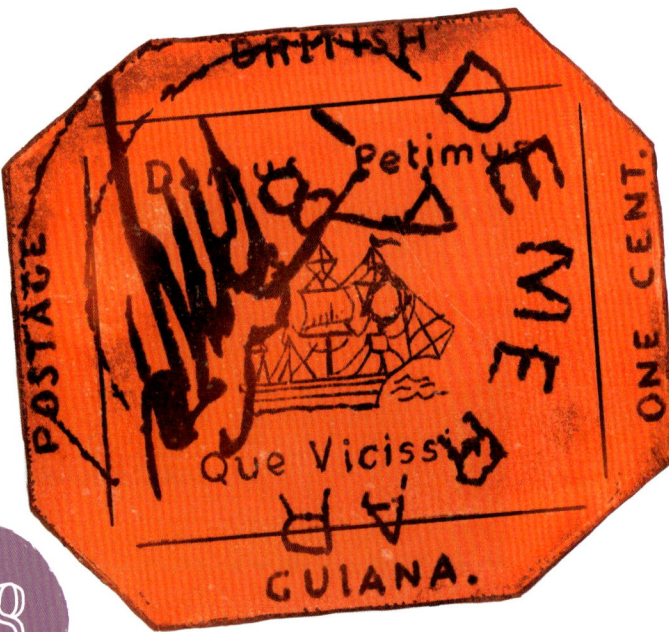

Die wertvollste Briefmarke

Kannst du dir vorstellen, dass jemand sieben Millionen Euro für eine Briefmarke zahlt, die einmal einen Cent gekostet hat? Doch reiche Briefmarkensammler sind bereit, für besonders seltene Marken riesige Summen hinzublättern. Den Rekord mit sieben Millionen Euro hält derzeit eine rosarote, achteckige Ein-Cent-Marke aus Guyana aus dem Jahr 1856. Sie wurde von dem Postangestellten persönlich unterschrieben.

BESONDERES & KURIOSES

Das teuerste Gemälde

Im Jahr 1985 zahlte ein Museum erstmals mehr als zehn Millionen Dollar für ein Bild. Das klingt ziemlich verrückt. Doch seitdem sind die Preise für Gemälde immer weiter gestiegen. Vor Kurzem wurden angeblich zwei Bilder für jeweils 250 bis 300 Millionen Dollar an die Königsfamilie von Katar verkauft. Beide wurden im Jahr 1892 von berühmten französischen Malern gemalt. Das Bild von Paul Gauguin (1848–1903) zeigt zwei Frauen auf Tahiti, das Bild von Paul Cézanne (1839–1906) Männer, die Karten spielen. Aber es gibt sogar noch wertvollere Gemälde. Sie werden nur nicht verkauft. Die *Mona Lisa* von Leonardo da Vinci (1452–1519), die im Pariser Museum Louvre hängt, soll fast 800 Millionen US-Dollar wert sein.

Die *Mona Lisa* von Leonardo da Vinci

Das am häufigsten gestohlene Bild

Im Jahr 1632 malte der niederländische Künstler Rembrandt (1606–1669) ein kleines Porträt seines Kollegen Jacob III. de Gheyn (1596–1641). Im Jahr 1966 wurde es aus einem Londoner Museum gestohlen. Doch die Polizei fand es kurz darauf wieder. Danach wurde es noch dreimal gestohlen, tauchte aber jedes Mal wieder auf. Warum wird gerade dieses Bild so oft gestohlen? Rembrandt ist einer der berühmtesten Maler der Welt. Aber nur wenige seiner Bilder sind so klein, dass ein Dieb sie unter der Jacke verstecken kann.

SPEZIAL

Edelsteine

Weißt du, dass eine Bleistiftmine und ein Diamant aus demselben Stoff bestehen, nämlich aus Kohlenstoff? Was aber macht Edelsteine so besonders und wertvoll?

Es klingt seltsam, aber im Alltag gibt es ja auch Stoffe, die sehr verschieden aussehen können. Zucker zum Beispiel. Aus den kleinen weißen Zuckerkristallen kannst du Zuckerwatte machen oder sie zu braunem, hartem Karamell schmelzen, ohne eine andere Zutat hinzuzugeben.

Genauso ist es mit Kohlenstoff. Wenn er in den oberen Erdschichten abgelagert wird, wird er zu Grafit zusammengepresst, einer grauschwärzlichen Masse, aus der man zum Beispiel Bleistiftminen herstellen kann. In einer Tiefe von mindestens 150 Kilometern unter der Erdoberfläche jedoch, wo Temperaturen von über 1500 Grad Celsius und ein gewaltiger Druck herrschen, wird Kohlenstoff zu durchsichtigen Kristallen „verkocht", den Diamanten.

SPEZIAL

Diamanten sind der härteste Stoff, den es auf der Erde gibt. Deshalb werden sie nicht nur für Schmuck verwendet, sondern auch für Werkzeuge. Meistens sind sie durchsichtig. Es gibt jedoch auch rosa, bläulich, gelb und grünlich schimmernde Diamanten. Nicht so schön, aber noch härter sind schwarze Diamanten. Manche Forscher glauben, dass sie gar nicht auf der Erde entstanden sind, sondern durch Meteoriteneinschläge aus dem Weltall zu uns gelangt sind. Der größte, je gefundene schwarze Diamant war mit etwa 633 Gramm sogar noch schwerer als der Cullinan, der größte normale Diamant.

Doch nicht nur Weltraum-Diamanten, auch normale sind sehr selten. Denn wie soll man sie aus einer Tiefe von 150 Kilometern an die Erdoberfläche holen? Doch in manchen Gegenden – vor allem dort, wo es viele Vulkane gibt – sind die Diamanten von selbst in höhere Erdschichten gewandert. Trotzdem ist es noch sehr gefährlich, nach ihnen zu suchen, und Diamant-Bergwerke gehören zu den tiefsten der Welt.

Für Werkzeuge stellt man deswegen inzwischen künstliche Diamanten her, die zwar nicht ganz so schön, aber genauso hart wie natürliche Diamanten sind. Auch andere Edelsteine wie Rubine, Saphire, Smaragde oder Topase werden an bestimmten Stellen in der Erdkruste unter dem Einfluss von Hitze und Druck aus eigentlich ganz gewöhnlichem Material gebildet. Doch auch andere Steine, die nicht so selten und wertvoll sind, sehen oft sehr schön aus. Zum Beispiel Jade, Achat, Jaspis, Granat, Quarz, Lapislazuli oder Amethyst. Sie bezeichnet man als Halbedelsteine oder Schmucksteine.

121

BESONDERES & KURIOSES

Die teuerste Weinflasche

500.000 US-Dollar – das ist eine halbe Million – wurden im Jahr 2008 für eine Sechs-Liter-Flasche Wein gezahlt. Es handelte sich um einen kalifornischen Rotwein namens *Screaming Eagle*. Das bedeutet „Kreischender Adler". *Screaming-Eagle*-Weine sind ziemlich teuer. Normalerweise aber kostet eine solche Flasche nur 300 US-Dollar. Die Rekordflasche wurde für einen wohltätigen Zweck versteigert. Der hohe Preis war also eine Spende. Der teuerste Wein, den man normal kaufen kann, stammt ebenfalls aus Frankreich, aus dem Château Margaux. Die Zwölf-Liter-Flasche kostet rund 143.000 Euro.

Der höchste Lottogewinn

Sicher kennst du die Ziehung der Lottozahlen im Fernsehen. Was aber ist, wenn niemand die Zahlen, die gezogen werden, auf seinem Los hat? Dann kommt der Gewinn in den sogenannten Jackpot. Das bedeutet, er wird bei der nächsten Ziehung zu der neuen Gewinnsumme hinzugefügt. Wenn mehrmals hintereinander niemand die richtigen Zahlen hat, kann der Jackpot sehr groß werden. 2016 kamen in einer US-amerikanischen Lotterie fast 1,6 Milliarden US-Dollar zusammen. Dann aber hatten gleich drei Leute die richtigen Zahlen und mussten sich den Riesengewinn teilen. Aber auch 500 Millionen sind noch gigantisch, oder?

BESONDERES & KURIOSES

Der erfolgreichste Film

2,7 Milliarden US-Dollar nahmen die Macher des Filmes Avatar ein. Er lief 2009 in den Kinos und erzählt von blauhäutigen Wesen, die im Jahr 2154 auf einem fernen Mond namens Pandora leben. An zweiter Stelle steht der Film Titanic über den Untergang des Schiffes Titanic im Jahr 1912. Die erfolgreichsten Kinderfilme aller Zeiten sind der letzte Teil der Harry-Potter-Reihe und Die Eiskönigin. Sie spielten 1,34 und 1,27 Milliarden US-Dollar ein.

Der größte Hit

Hast du das Lied White Christmas schon einmal gehört? Der englische Titel bedeutet „Weiße Weihnachten". Es handelt davon, dass sich jemand im sonnigen Kalifornien am 24. Dezember nach Weihnachten mit Schnee sehnt. Geschrieben wurde das Lied 1940 von einem Mann namens Irving Berlin (1888–1989), der als armer Flüchtlingsjunge von Russland in die USA kam. Das Lied wurde dann von dem Sänger Bing Crosby (1903–1977) gesungen. Davon wurden mindestens 50 Millionen Platten und CDs verkauft, vielleicht sogar 100 oder 150 Millionen. Genau weiß man es nicht, aber mit ziemlicher Sicherheit hat sich kein anderes Lied jemals so gut verkauft.

Bing Crosby

BESONDERES & KURIOSES

Das am häufigsten gedruckte Buch

Im Jahr 2014 wurden 428 Millionen Bibeln verkauft oder verschenkt, darunter 34 Millionen vollständige und etwa 394 Millionen Bücher, die nur einen Teil der Bibel enthalten, etwa das Neue Testament. Wie viele Bibeln insgesamt schon gedruckt wurden, kann man schwer sagen. In den letzten 200 Jahren waren es wahrscheinlich mehr als fünf Milliarden. Die Bibel ist aber nicht nur das Buch, das am meisten verbreitet ist, sondern auch das, welches am meisten übersetzt wurde. Es gibt Bibeln in über 2500 verschiedenen Sprachen.

Das erfolgreichste Kinderbuch

Mit etwa 100 Millionen Exemplaren ist *Der Hobbit* von J. R. R. Tolkien (1892–1973) das am meisten verkaufte Kinderbuch aller Zeiten. Der noch erfolgreichere Tolkien-Roman *Der Herr der Ringe* wurde dagegen nicht für Kinder geschrieben. Vielleicht weißt du, dass beide Geschichten vor einigen Jahren verfilmt wurden. Die Filme sind allerdings ziemlich grausam, sodass auch *Der Hobbit* nicht für jüngere Kinder geeignet ist. Nach dem *Hobbit* sind *Der König von Narnia* mit 85 Millionen Exemplaren sowie *Heidi*, *Black Beauty* und *Anne auf Green Gables* mit jeweils etwa 50 Millionen verkauften Exemplaren die erfolgreichsten Kinderbücher.

J.R.R. Tolkien

BESONDERES & KURIOSES

Das kleinste Buch

In Japan gibt es ein Buch, das nicht einmal 0,8 Millimeter groß ist. Allerdings kann man dieses Buch (zusammen mit einer Lupe) nur in einem Museumsshop in Tokio kaufen. In diesem Buch befinden sich Zeichnungen japanischer Blumen sowie deren Namen. Die Schrift ist nur 0,01 Millimeter groß. Ein weiteres sehr kleines Buch ist das *Bilder-ABC* von Josua Reichert (geboren 1937), das mit einer Lupe geliefert wird. Denn obwohl die Seiten nur jeweils einen schön geschriebenen Buchstaben des Alphabets enthalten, ist es anders nicht lesbar. Reicherts Buch ist nämlich nur drei Millimeter hoch und 2,4 Millimeter breit.

Das größte handgeschriebene Buch

Im Jahr 1229 wurde in einem tschechischen Kloster ein geheimnisvolles Buch geschrieben, das *Codex Gigas* oder *Teufelsbibel* genannt wird. Den Namen *Codex Gigas* – das kommt aus dem Lateinischen und heißt „Riesiges Buch" – bekam es wegen seiner Größe. Es ist fast einen Meter hoch, einen halben Meter breit und wiegt 75 Kilogramm. Es enthält die komplette Bibel und eine Reihe anderer Schriften. *Teufelsbibel* wird es genannt, weil auf eine Seite ein großer Teufel gemalt ist. Außerdem gibt es die Legende, das Buch wäre in einer einzigen Nacht geschrieben worden. Das aber könne nur der Teufel vollbracht haben. Natürlich ist die Legende Unsinn, aber die Forscher können anhand der Schrift beweisen, dass die riesige Bibel wirklich innerhalb sehr kurzer Zeit von nur einer Person geschrieben wurde.

125

BESONDERES & KURIOSES

Der erfolgreichste Spieleerfinder

Spielst du gern Brettspiele? Dann hast du wahrscheinlich schon von der Auszeichnung „Spiel des Jahres" gehört. Die Ehrung gilt als der bedeutendste Preis der Welt für Spiele. Der Stuttgarter Spieleerfinder Wolfgang Kramer (geboren 1942) hat ihn schon fünfmal gewonnen: für *Heimlich & Co.*, *Auf Achse*, *El Grande*, *Tikal* und *Torres*. Insgesamt hat er schon mehr als 200 Spiele erfunden. Aber wie wird man eigentlich Spieleerfinder? Kramer hat zunächst bei einer Firma für Autoteile gearbeitet und nebenher Spiele erfunden. Irgendwann war er so erfolgreich, dass er das Spieleerfinden zu seinem Hauptberuf machen konnte.

Das am meisten verkaufte Brettspiel

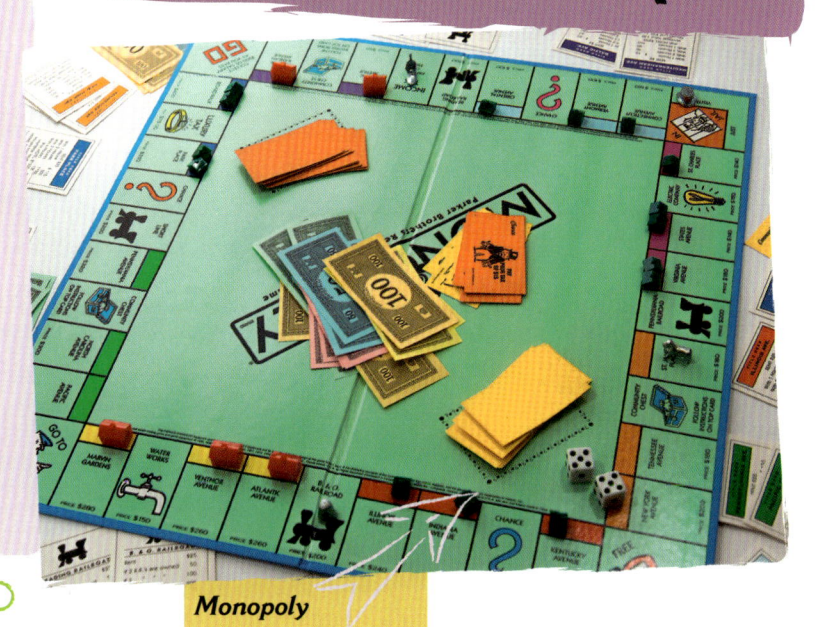

Viele Brettspiele sind uralt: zum Beispiel Schach, Mühle oder Backgammon. Wie oft sie im Laufe der Geschichte hergestellt und gespielt wurden, kann kein Mensch sagen. Von den modernen Spielen, deren Erfinder man kennt, ist *Monopoly* am erfolgreichsten. Es wurde ungefähr 250 Millionen Mal verkauft. Erfunden hat es im Jahr 1904 eine US-amerikanische Büroangestellte namens Elizabeth Magie Phillips (1866–1948). Sie wollte mit dem Spiel eigentlich zeigen, dass es schlecht ist, wenn ein Mensch viele Grundstücke besitzt und so immer mehr Geld anhäufen kann. Aber andere haben das Spiel später verändert und es geht nur noch ums „Geldscheffeln".

Monopoly

126

BESONDERES & KURIOSES

Das erfolgreichste Computerspiel

Hättest du gedacht, dass es schon seit 1958 Computerspiele gibt? Das erste Spiel hieß *Tennis for Two* – „Tennis für zwei". Jeder Spieler bewegte auf dem Bildschirm einen kleinen Balken, mit dem ein Punkt – der Ball – hin- und hergeschlagen werden musste. 1981 kam dann ein Spiel namens *Donkey Kong* auf den Markt, in dem eine Figur namens Mario einen Hindernisparcours absolvieren muss, um seine von einem Gorilla entführte Freundin zu befreien. Seitdem erscheinen immer neue, moderne *Super-Mario*-Spiele. Mit über 250 Millionen Exemplaren sind sie die am meisten verkaufte Computerspiel-Serie der Welt.

Der größte Teddybär

Der größte Teddy der Welt misst 5,6 Meter. Jedenfalls wenn er stehen würde. Aber er sitzt im Schaufenster der Firma Martin Bären in Sonneberg in Deutschland und ist in dieser Stellung nur 3,4 Meter groß. Die Firma besitzt auch ein Teddymuseum, in dem über 1000 Plüschbären besichtigt werden können.

BESONDERES & KURIOSES

Die wertvollste Puppe

305.000 Euro wurden 2014 auf einer Versteigerung für eine Puppe gezahlt. Sie trägt ein weißes Kleid mit einer blauen Schärpe sowie einen Strohhut und hat dunkelblonde Affenschaukel-Zöpfe. Außerdem hat sie Ohrlöcher, aber keine Stecker oder Ringe darin. Sie wurde um 1910 von der deutschen Puppenfirma Kämmer & Reinhardt hergestellt. Diese fertigte teure Puppen mit lebensechten Porzellanköpfen an, die oft von Künstlern gestaltet wurden. Diese sogenannten Charakterpuppen waren von Anfang an mehr Sammlerobjekt als Kinderspielzeug. Die Rekordpuppe war vermutlich ein Entwurf, von dem nur ein Exemplar hergestellt wurde. Deshalb hat sie auch keinen Namen.

So sahen die Charakterpuppen von Kämmer & Reinhardt im frühen 20. Jahrhundert aus.

Die größte Modelleisenbahn der Welt

Fast 1000 Züge fahren im Miniatur Wunderland in Hamburg. Die Gleislänge beträgt 15 Kilometer. Irgendwann sollen es mal 20 sein. Aber schon heute ist diese Anlage die größte Modelleisenbahn der Welt. Nicht nur Teile von Hamburg wurden hier nachgebildet, sondern auch verschiedene europäische Landschaften und Länder, wie der Harz, die Alpen, Skandinavien oder Italien.

BESONDERES & KURIOSES

Der größte Freizeitpark

Bestimmt hast du schon davon gehört: Das Walt Disney World Resort in Florida in den USA ist mit Abstand der größte Freizeitpark der Welt. Es ist unglaubliche 150 Quadratkilometer groß. Damit ist es größer als Städte wie Augsburg oder Bochum. Das Gemeine dabei: Der Park ist in vier verschiedene Themenparks und zwei Wasserparks aufgeteilt und ein Tagesticket gilt immer nur für einen Bereich. Aber eigentlich ist die Anlage so riesig, dass man sowieso nicht alles an einem Tag sehen kann. Der größte deutsche Freizeitpark, der Europapark, misst dagegen nur 0,9 Quadratkilometer.

Das größte Volksfest

Am 12. Oktober 1810 heiratete der bayerische Kronprinz Ludwig (1786–1868) Prinzessin Therese von Sachsen-Hildburghausen (1792–1854). Aus diesem Anlass fand fünf Tage später auf einer Wiese bei München, die seitdem Theresienwiese genannt wurde, ein Pferderennen statt. Daraus entwickelte sich das größte Volksfest der Welt: das Münchner Oktoberfest, das auch Wiesn genannt wird. Jedes Jahr hat es ungefähr sechs Millionen Besucher. Ein Teil der Menschen kommt vor allem, um die vielen Fahrgeschäfte auszuprobieren, andere, um in die Bierzelte zu gehen, in denen getrunken und gefeiert wird.

BESONDERES & KURIOSES

Das größte Pilgerfest

Weißt du, was Pilgern ist? Gläubige Menschen reisen zu einem Ort, der in ihrer Religion als besonders heilig gilt. Für Christen sind zum Beispiel Santiago de Compostela, Lourdes oder Fátima, aber auch Rom und Jerusalem wichtige Pilgerorte. Gläubige Moslems müssen einmal in ihrem Leben nach Mekka pilgern. Jedes Jahr kommen dort in einer bestimmten Woche über zwei Millionen Menschen zusammen. Noch viel größer aber ist Kumbh Mela, das heilige Fest der Hindus. Dabei treffen sich alle drei Jahre Millionen von Menschen, um abwechselnd in den heiligen Flüssen Ganges und Yamuna zu baden. Sie glauben, dass sie dadurch von allem Schlechten und Bösen gereinigt werden. Im Jahr 2013 nahmen etwa 90 Millionen Menschen daran teil.

Bei der Kumbh Mela werden Blumenopfer gebracht.

Die größte Schule der Welt

Wie viele Schüler gehen auf deine Schule? Bestimmt keine 50.000. So viele Schüler hat nur die Montessori-Schule in Lucknow in Indien. Dabei fing sie ganz klein an. Im Jahr 1959 lieh sich ein Ehepaar Geld, um eine Montessori-Schule für fünf Schüler zu gründen. Dort können die Kinder mitentscheiden, was sie lernen wollen. Vielleicht kennst du ja solche Schulen aus deiner Stadt. In der Schule in Lucknow spielen auch der Weltfrieden und die Erziehung zu einem friedlichen Leben eine besondere Rolle im Unterricht. Inzwischen hat die Schule viele Preise gewonnen. Deshalb schicken immer mehr Eltern ihre Kinder dorthin, obwohl sie dafür Schulgeld zahlen müssen.

BESONDERES & KURIOSES

Der höchste Schokoladenverbrauch

Die größten Schokoladenliebhaber auf der Welt sind die Deutschen und die Schweizer. In diesen beiden Ländern isst jeder Mensch im Durchschnitt rund zwölf Kilogramm Schokolade im Jahr. In Ländern wie Italien oder Spanien dagegen sind es nicht einmal vier Kilogramm. Und in vielen armen Ländern bekommen die Kinder nie in ihrem Leben Schokolade – selbst in der Elfenbeinküste, wo fast die Hälfte allen Kakaos weltweit angebaut wird.

Die teuersten Big Macs

6,5 Schweizer Franken kostet ein Big Mac in der Schweiz. Das sind umgerechnet etwa 6,44 US-Dollar, mehr als in irgendeinem anderen Land der Welt. In Venezuela dagegen kostet er umgerechnet nur 0,66 US-Dollar. Also auf nach Venezuela? So einfach ist es nicht, denn in der Schweiz verdienen die Menschen auch viel mehr. Im Durchschnitt müssen sie nur 15 Minuten arbeiten, um sich einen Big Mac kaufen zu können. Ein normaler Bewohner von Venezuelas Hauptstadt Caracas dagegen müsste 126 Minuten, also zwei Stunden, für einen Big Mac arbeiten. Der Preis ist somit nur für Urlauber aus den reichen Ländern wirklich niedrig.

BESONDERES & KURIOSES

Das größte Weinfass

Das größte Weinfass der Welt steht in Bad Dürkheim in Deutschland. Es wurde 1934 gebaut und würde 1,7 Millionen Liter fassen, wenn man es mit Wein füllen würde. Aber das ist noch nie passiert. Stattdessen befindet sich im Inneren des Fasses ein Restaurant, in dem man Wein trinken kann. Lustig, was? Das größte Fass, in dem tatsächlich einmal Wein gewesen ist, kann man auf dem Heidelberger Schloss besichtigen. Es fasst rund 220.000 Liter und stammt aus dem Jahr 1751. Damals war es unter den Fürsten ein beliebter Sport, besonders große Weinfässer bauen zu lassen.

Die größten Fresssäcke

Weißt du, was Kalorien sind? Damit misst man, wie satt Essen macht. Salat zum Beispiel hat sehr wenige Kalorien, Schokolade sehr viele. Deshalb macht Schokolade viel schneller satt als Salat. Wer mehr Kalorien isst, als er verbraucht, der wird zu dick. In Belgien und Österreich essen die Menschen im Durchschnitt fast 3800 Kalorien pro Tag, in den USA gut 3600 Kalorien. Das ist so viel wie ein erwachsener Mann braucht, der ziemlich schwer arbeitet. Aber natürlich sind nicht alle US-Amerikaner, Österreicher und Belgier schwer arbeitende erwachsene Männer. Man sieht also, dass in diesen Ländern zu viel gegessen wird. Aber die Deutschen sind auch nicht viel besser. Sie essen im Schnitt etwa 3500 Kalorien pro Tag.

BESONDERES & KURIOSES

Der längste Weihnachtsstollen

Im Jahr 2011 wurde in China ein Kuchen gebacken, der 1068 Meter lang war. Um von einem Ende zum anderen zu gelangen, müsstest du etwa eine Viertelstunde laufen. Die Chinesen meinten, sie hätten damit den längsten Stollen der Welt gebacken. Aber ein richtiger Weihnachtsstollen mit Rosinen, Mohn oder Marzipan war ihr Werk eigentlich nicht, eher ein Schoko-Sahne-Kuchen. Außerdem war er aus vielen einzelnen Stücken zusammengesetzt. Aber das ist bei allen Riesenstollen so. Sonst würden sie ja nicht in den Backofen passen. Im Jahr 1730 hat Fürst August der Starke von Sachsen (1670–1733) für ein Fest extra einen Ofen bauen lassen, in dem ein riesiger Dresdner Stollen gebacken wurde. Er war 1,8 Tonnen schwer und wurde auf einem Wagen transportiert, der von acht Pferden gezogen wurde.

Der älteste Honig

Im Jahr 2012 fanden Forscher in Georgien drei Tongefäße mit Lindenhonig, Beerenblütenhonig und Wiesenblütenhonig. Sie befanden sich im Grab einer Fürstin, die vor etwa 5500 Jahren gestorben war. Vielleicht fragst du dich jetzt, warum ein Toter Honig braucht? Aber die Menschen gaben den Verstorbenen früher oft Speisen mit ins Grab, damit sie auf ihrem Weg ins Jenseits nicht verhungerten. Auch im Grab des berühmten ägyptischen Pharaos Tutanchamun (Regierungszeit etwa 1332–1323 vor Christus) befanden sich Honiggefäße. Und weißt du, was das Tollste daran ist? Er ist noch essbar! Honig ist nämlich eines der wenigen Lebensmittel, das nie schlecht wird.

BESONDERES & KURIOSES

Die meisten Schafe

Hast du schon einmal Lammfleisch aus Neuseeland gegessen? Das wäre kein Wunder, denn in Neuseeland leben fast 40 Millionen Schafe. Das sind siebenmal mehr, als es Einwohner gibt. Da ist es nur logisch, dass die Neuseeländer nicht ihr ganzes Lamm- und Hammelfleisch selbst essen können. Stattdessen wird es tiefgefroren in großen Schiffen in die ganze Welt gebracht. Noch mehr Schafe, nämlich mehr als 130 Millionen, gibt es in China. Doch weil es auch sehr viele Chinesen gibt, kommt nur etwa ein Schaf auf zehn Einwohner. Deshalb nutzen die Chinesen das Fleisch ihrer Schafe selbst.

Die meisten Fernseher

Wie viele Fernseher habt ihr in eurer Familie? Wahrscheinlich hat nicht jedes Familienmitglied einen eigenen Fernseher. In den USA ist das anders. Dort haben von 1000 Einwohnern 950 einen Fernseher. Das bedeutet, dass nur ganz, ganz wenige Einwohner ohne Fernseher leben. Kleine Babys etwa oder sehr arme Menschen. Aber auch in Deutschland gibt es jede Menge „Glotzen". Von 1000 Menschen haben 743 einen eigenen Fernseher. In Österreich dagegen, wo die Menschen auch nicht ärmer sind, sind es nur 568 Fernseher pro 1000 Einwohner.

BESONDERES & KURIOSES

Die meisten Autos

Kennst du Andorra? Das ist ein sehr kleines Land, das im Gebirge zwischen Frankreich und Spanien liegt. Dort gibt es fast so viele Autos wie Einwohner. Auf 1000 Einwohner kommen mehr als 900 Autos. Wenn man alle Kinder und Jugendlichen abzieht, die noch keinen Führerschein haben, dann hat hier jeder Erwachsene mehr als ein Auto. Zugegeben: In Andorra gibt es keine Eisenbahnen, sondern nur Busse, sodass es schwierig ist, ohne Auto überall hinzukommen. Aber trotzdem kann niemand mehr als ein Auto zur selben Zeit fahren. In Deutschland, das als „Autoland" gilt, gibt es dagegen nur etwas mehr als 500 Autos auf 1000 Einwohner.

Die größte freitragende Halle

Freitragend nennt man eine Halle, wenn sie ohne Stützen und Pfeiler gebaut wird. Das ist natürlich sehr schwierig. Die größte so gebaute Halle der Welt wurde 1998 in der Nähe von Cottbus errichtet. Sie ist 360 Meter lang, 210 Meter breit und 107 Meter hoch. Eigentlich sollten darin Luftschiffe für den Transport schwerer Lasten gebaut werden. Aber das funktionierte nicht. Deshalb ist heute darin eine Badelandschaft mit Palmen untergebracht. Vielleicht hast du schon von ihr gehört? Sie wird *Tropical Islands* genannt.

BESONDERES & KURIOSES

Die längste Politikerrede

Was glaubst du, wie lange du am Stück reden kannst? Ein US-amerikanischer Politiker namens Strom Thurmond (1902–2003) redete im Jahr 1957 24 Stunden und 18 Minuten lang. Anfangs ging es noch um Gesetze, später aber um lauter dummes Zeug. Irgendwann war er so erschöpft, dass man ihn kaum noch verstand. Aber warum tat er das? Thurmond protestierte damit gegen ein Gesetz, das ihm nicht gefiel. Weil er keine Macht hatte, es zu verhindern, hoffte er, dass er die anderen Senatoren durch sein langes Reden so nerven konnte, dass sie freiwillig auf das Gesetz verzichteten. Aber das funktionierte nicht.

Das längste Wort

Das Wort Donaudampfschifffahrtselektrizitätenhauptbetriebswerkbauunterbeamtengesellschaft gilt oft als längstes Wort der Welt. Aber eine solche Gesellschaft hat es nie gegeben und das Wort ist nur aus Spaß gebildet worden. Und natürlich könnte man es leicht noch länger machen. Zum Beispiel, indem man hinten aus der Gesellschaft ein Gesellschaftshaus macht. Oder die Gesellschaftshausmiete. Oder die Gesellschaftshausmietzahlung. Oder … Bestimmt fällt dir noch eine Menge dazu ein. Das möglicherweise längste Wort, das wirklich verwendet wurde, ist Grundstücksverkehrsgenehmigungszuständigkeitsübertragungsverordnung. So hieß eine Verordnung aus dem Jahr 2003, die festlegte, dass ab sofort eine andere Behörde als zuvor Genehmigungen zum Verkauf von Grundstücken erteilen sollte.

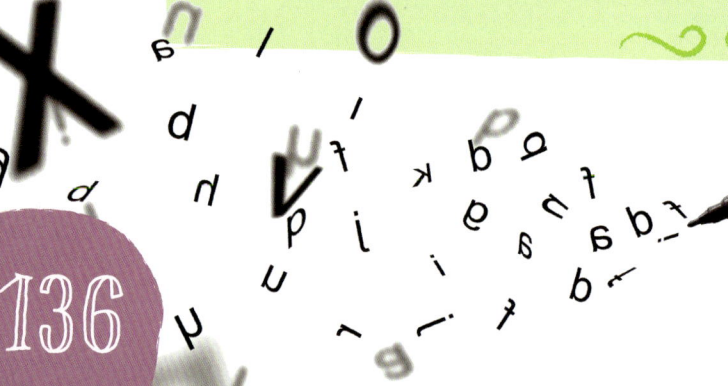

BESONDERES & KURIOSES

Der längste Ortsname

Ein kleiner Berg in Neuseeland heißt Taumatawhakatangihangakoauauotamateaturipukakapikimaungahoronukupokaiwhenuakitanatahu. Das bedeutet in der Sprache der Maori, der neuseeländischen Ureinwohner: „Der Ort, an dem Tamatea, der Mann mit den großen Knien, der Berge hinabrutschte, emporkletterte und verschluckte, bekannt als der Landfresser, seine Flöte für seine Geliebte spielte". Das ist schon fast eine ganze Geschichte, oder? Meistens wird der Hügel aber nur Taumata genannt. Der offizielle Name der thailändischen Hauptstadt Bangkok ist sogar noch länger, aber der besteht aus mehreren Worten und ist eher ein Titel als ein Name.

Der kürzeste Ortsname

Kennst du einen Ort, dessen Name nur aus einem Buchstaben besteht? In manchen Ländern gibt es gar nicht so wenige davon. Denn in Skandinavien heißen einige Orte Å – das bedeutet „Bach" – oder Ø – das heißt „Insel". Auch in China gibt es viele Orte, deren Name nur aus einem Schriftzeichen besteht. Und im Norden Frankreichs liegt das Dorf Y.

137

TESTE DEIN WISSEN!

1. WELCHES TIER WIRD BIS ZU 33 METER LANG?
A Netzpython
B Blauwal
C Argentinosaurus

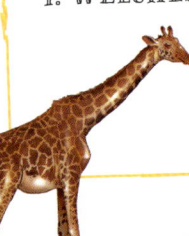

2. WELCHES IST DAS GRÖSSTE FLEISCHFRESSENDE TIER?
A Pottwal   B Walhai   C Eisbär

3. WAS IST TINKERBELLA?
A Name des kleinsten Pferdes der Welt
B Glockenblumenart
C Zwergwespenart

4. WAS IST DIE AUSTRALISCHE SEEWESPE?
A Meeresspinne
B Qualle
C Schiff

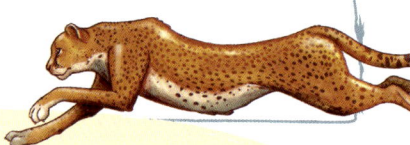

5. WELCHES TIER ERKENNT SEINE UMGEBUNG VOR ALLEM DURCH SEIN GEHÖR?
A Hund   B Elefant   C Fledermaus

6. ZU WELCHER PFLANZENFAMILIE GEHÖRT DIE VANILLE?
A zu den Orchideen
B zu den Korbblütlern
C zu den Kakteen

7. WIE HOCH IST DER HÖCHSTE BAUM DER WELT?
A 49,75 Meter   B 219,77 Meter
C 115,55 Meter

8. WAS IST EIN BONSAI?
A Hunderasse
B besonders kleiner Baum
C giftiger Pilz

9. WENN EIN KIND NACH 26 WOCHEN IM BAUCH SEINER MUTTER GEBOREN WIRD, IST DAS …
A … eine Frühgeburt?
B … eine normale Geburt?
C … eine besonders späte Geburt?

10. WO BEFINDEN SICH DIE DREI KLEINEN KNOCHEN, DIE HAMMER, AMBOSS UND STEIGBÜGEL GENANNT WERDEN?
A im Knie
B zwischen den Kaumuskeln
C im Ohr

11. WIE OFT SCHLÄGT NORMALERWEISE DAS HERZ DES MENSCHEN?
A alle zwei Minuten
B ein- bis zweimal in der Sekunde
C etwa zehnmal in der Sekunde

12. WAS SIND SINNESREZEPTOREN?
A Punkte auf der Haut, mit denen man fühlen kann
B nützliche Bakterien
C Muskeln

TESTE DEIN WISSEN!

13. WENN KINDERN DIE MILCHZÄHNE AUSFALLEN, WACHSEN ...
- A ... weniger neue Zähne nach.
- B ... genauso viel neue Zähne nach.
- C ... mehr neue Zähne nach.

14. WELCHE LÄNDER HABEN MEHR ALS EINE MILLIARDE EINWOHNER?
- A China und Indien
- B China und die USA
- C Russland und die USA

15. AUF WELCHEM KONTINENT LIEGEN DIE MEISTEN BESONDERS ARMEN LÄNDER?
- A Asien
- B Afrika
- C Südamerika

16. WIE GROSS WURDE DER GRÖSSTE MENSCH DER WELT?
- A 2,05 Meter
- B 2,72 Meter
- C 3,51 Meter

17. WER IST AM SCHNELLSTEN?
- A Schwimmer B Sprinter
- C Eisschnellläufer

18. MIT WELCHEM GEGENSTAND KANN MAN AM WEITESTEN WERFEN?
- A Kugel
- B Speer
- C Diskus

19. WER IST PELÉ?
- A schnellster Mann der Welt
- B berühmter Radrennfahrer
- C berühmter Fußballspieler

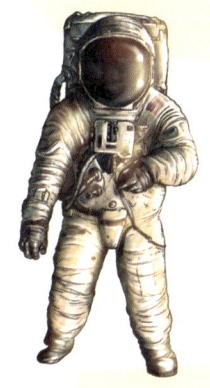

20. WANN FANDEN DIE ERSTEN OLYMPISCHEN SPIELE DER MODERNEN ZEIT STATT?
A 1720 B 1896 C 1960

21. IN WELCHEM SPORT KANN MAN MIT K.O. GEWINNEN?
- A Eiskunstlauf
- B Tennis
- C Boxen

22. WAS IST EIN SHERPA?
- A Ballonflieger
- B Angehöriger eines Volkes, das am Mount Everest lebt
- C Boxtrainer

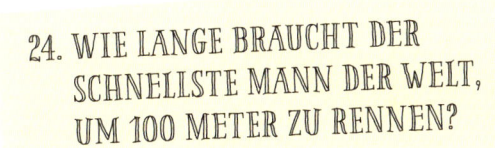

23. WELCHEN SPORT BETRIEB GARRI KASPAROW?
- A Schwimmen
- B Schießen
- C Schach

24. WIE LANGE BRAUCHT DER SCHNELLSTE MANN DER WELT, UM 100 METER ZU RENNEN?
- A 9,58 Sekunden
- B 5,76 Sekunden
- C 30,4 Sekunden

TESTE DEIN WISSEN!

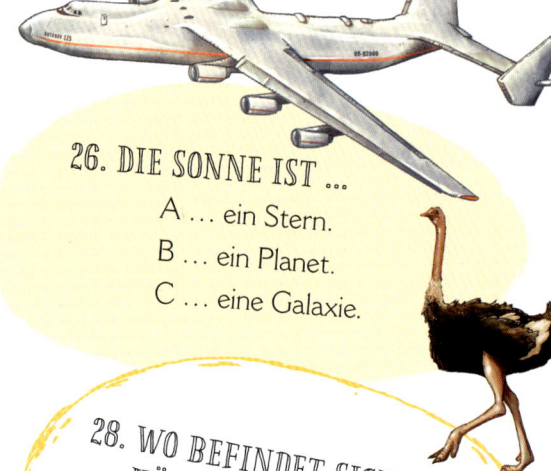

25. GIBT ES EINE SCHNELLERE GESCHWINDIGKEIT ALS DIE LICHTGESCHWINDIGKEIT?
A ja
B nein
C Das ist noch nicht erforscht.

26. DIE SONNE IST …
A … ein Stern.
B … ein Planet.
C … eine Galaxie.

27. WAS IST KEIN PLANET?
A Venus
B Jupiter
C Mond

28. WO BEFINDET SICH DER HÖCHSTE BERG DER WELT?
A zwischen Nepal und China
B in Indien
C in Südamerika

29. WAS SIND DIE ANDEN?
A Meeresströmungen   B starke Winde   C ein Gebirge

30. WELCHER FLUSS IST NACH DEM NIL DER ZWEITGRÖSSTE?
A Rhein   B Amazonas   C Wolga

31. ZU WELCHEM KONTINENT GEHÖRT RUSSLAND?
A Europa
B Asien
C Europa und Asien

32. WO HAT ES SEIT TAUSENDEN VON JAHREN NICHT GEREGNET ODER GESCHNEIT?
A im Osten der Antarktis
B in der Sahara
C am Toten Meer

33. DIE ANTONOW IST …
A … das schnellste Auto der Welt.
B … das schnellste Segelboot aller Zeiten.
C … das größte Flugzeug.

34. WIE HIESS DIE MONDRAKETE?
A Mond I
B Saturn V
C Voyager 2

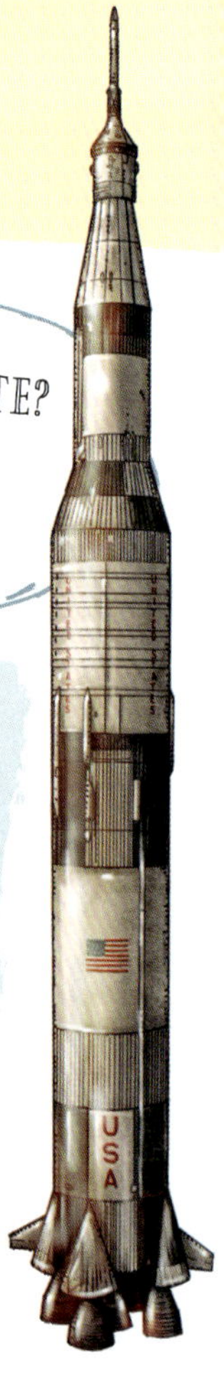

35. KONNTE MAN FRÜHER MIT ZEPPELINEN NACH AMERIKA FLIEGEN?
A ja
B Nein, Zeppeline konnten nur kurze Strecken fliegen.
C Nein, Zeppeline konnten überhaupt keine Menschen befördern.

36. WELCHES GEBÄUDE IST 828 METER HOCH?
A der Wolkenkratzer Burj Khalifa in Dubai
B die Cheops-Pyramide in Ägypten
C ein Schornstein in Kasachstan

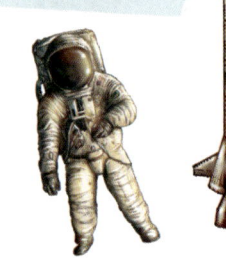

TESTE DEIN WISSEN!

37. WELCHER KÖNIG BAUTE DAS SCHLOSS VON VERSAILLES?
A Friedrich der Große von Preußen
B Ludwig XIV. von Frankreich
C Richard Löwenherz

38. WO BEFINDET SICH DAS GRÖSSTE TECHNIKMUSEUM DER WELT? A in Paris B in New York C in München

39. WIE HOCH IST DIE HÖCHSTE BRÜCKE DER WELT?
A 105 Meter
B 472 Meter
C 1733 Meter

40. WAS IST DIE *MONA LISA*?
A besonders schneller Zug
B besonders wertvolles Gemälde
C teuerste Puppe der Welt

41. WELCHES BUCH WURDE IN ÜBER 2500 SPRACHEN ÜBERSETZT?
A *Harry Potter*
B *Der Herr der Ringe*
C die Bibel

42. WAS VERSTAND MAN IM MITTELALTER UNTER EINEM CODEX?
A Buch
B Spiel
C Gebäude

43. WIE HEISST EINE DER BEDEUTENDSTEN AUSZEICHNUNGEN FÜR SPIELE?
A Super-Spiel
B Spiel des Jahres
C *Monopoly*

44. WAS WAR DER ANLASS DES ERSTEN MÜNCHNER OKTOBERFESTS?
A königliche Hochzeit
B Erfindung der Achterbahn
C Musikfestival

45. WIE NENNT MAN ES, WENN MENSCHEN AUS RELIGIÖSEN GRÜNDEN ZU EINEM ORT REISEN?
A tingeln   B pilgern   C predigen

46. WO GIBT ES DIE MEISTEN SCHAFE?
A in China
B in Deutschland
C in Russland

47. IN WELCHEM LAND WIRD AM MEISTEN KAKAO ANGEBAUT?
A in Brasilien
B in China
C in der Elfenbeinküste

48. WO HABEN DIE MENSCHEN DIE MEISTEN FERNSEHAPPARATE?
A in den USA   B in Deutschland   C in Österreich

Lösungen:
1 B, 2 A, 3 C, 4 B, 5 C, 6 A, 7 C, 8 B, 9 A, 10 C, 11 B, 12 A, 13 C, 14 A, 15 B, 16 B, 17 C, 18 B, 19 C, 20 B, 21 C, 22 B, 23 C, 24 A, 25 B, 26 A, 27 C, 28 A, 29 C, 30 B, 31 C, 32 A, 33 C, 34 B, 35 A, 36 A, 37 B, 38 C, 39 B, 40 B, 41 C, 42 A, 43 B, 44 A, 45 B, 46 A, 47 C, 48 A

REGISTER

A
Aal 19
AC Mailand 55
Achtlinge 33
Afghanistan 44
Afrikanischer Elefant 7
Airbus 380 113
Amazonas 82
Anden 81
Anger Falls 88
Antarktis 86
Apfel 25
Apollo 13 48
Argentinosaurus 10
AS Adema 56
Asien 83
AT&T Stadium 108
Atacama-Wüste 93
Atlanta 111
Ätna 87
Augenmuskel 37
Auto 135
Avatar 123

B
Bahadur Dangi, Chandra 31
Bakterien 27, 40
Bale, Gareth 58
Baumgartner, Felix 65
Beamon, Bob 52
Bergwerk 114
Bibel 124
Bican, Josef 57
Big Mac 131
Blauwal 6
Boca Juniors 55
Bolt, Usain 50
Bonsai 23
Brettspiel 126
Briefmarke 118
Briefmarken-
  sammlung 71
Brüllaffe 18
Buddelschiff 70

Buddha 111
Bugatti 96
Burghausen 109
Burj Khalifa 106

C
Calment, Jeanne 30
Cameron, James 84
Cardón-Kaktus 25
Chand, Karam und
  Kartari 30
Cheops-Pyramide 110
Chihuahua 9
Chili 27
China 44
Chinesische Mauer 108
Circus Maximus 59
Codex Gigas 125
Computerspiel 127
Crosby, Bing 123
Cullinan-Diamant 118
Cuvier-Schnabelwal 15

D
Davis, Shani 51
Death Valley 92
Dekker, Laura 64
Delhi 94, 95
Dembicki, Stefan 57
Der Hobbit 124
Dogge 9
Doping 60 f.
Douglas, Robert 98
Dschingis Khan 33

E
Edelsteine 120 f.
Edison, Thomas Alva 46
Eisenbahntunnel 114
Eisenhut 26
Elefant 20
Erdbeben 89
Erde 90 f.
Etruskerspitzmaus 11
Eurasien 83
Europapark 129
Eustace, Alan 65

F
Falabella-Pferd 11
Fannemel, Anders 53
Feuerqualle 17
FIFA 55
Fledermaus 18
Flughafen 111
Formula-Rossa-Bahn 117
Fosbury, Dick 52
France 2 97
Freiheitsstatue 111
Friedenreich, Arthur 57
Frosch 11

G
Gabelbock 16
Gagarin, Juri 49
Galaxie 76 f.
Ganymed 74
Gates, Bill 45
Gepard 16
Gespenstschrecke 8
Geysir 88
Giraffe 7
Glenn, John 49
Grabfrosch 21
Grönland 83
Große Brücke Danyang-
  Kunshan 113
Gylfadóttir, Frida 59

H
Haiti 44
Happy Giant 97
Haraguchi, Akira 70
Harry Potter 123
Hassan, Ahmed 56
Haut 40
Herz 37
Herzinfarkt 42
Hillary, Edmund 81
Himalaja 81
Hindenburg 100
Hochgeschwindigkeitszug 104
Honig 133
Hummelfledermaus 11
Hurrikan 89

I
Indien 44
Insekten 10
Intelligenzquotient 46
Isner, John 64
ISS 48, 100

J
Jakutien 92
Joersz, Eldon 113
Jones, Brian 66
Jupiter 74

K
Kaiserkanal 116
Karpow, Anatoli 69
Kartoffel 25
Kasparow, Garri 69
Kaspisches Meer 85
Kasuar 17
Katar 45
Kathedrale von Beauvais 106
Kaumuskel 37
Keever, Trintje 31
Knallkrebs 18
Knollenblätterpilz 26
Koloss-Kalmar 19
Koma 42
Komet 80
König-Fahd-Spring-
  brunnen 117
Körper, menschlich 38 f.
Kramer, Wolfgang 126
Kumbh Mela 130
Kürbis 25
Küstenmammutbaum 24
Küstenseeschwalbe 15

L
Lac Retba 85
Langseth, Hans 35
Larraguibel, Alberto 53
Latynina, Larissa 59
Lawson, Thomas W. 97
Lebenserwartung 43
Lewandowski, Robert 57
Lichtgeschwindigkeit 72

REGISTER

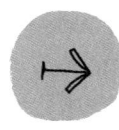

Lilly, Kristine 56
Lotto 122
Loundras, Dimitrios 63
Louvre 107
Lovchev, Aleksei 54
Löwe 18
Lungenentzündung 42

M
Magnetschwebebahn 104
Mahut, Nicolas 64
Mammuthöhle 82
Marianengraben 84
Marienburg 109
Matthews, Stanley 58
Megalodon 9
Metropolitan Museum of Art 107
Milchstraße 76
Miniatur Wunderland 128
Minnoch, John 32
Miura, Kazuyoshi 58
Miura, Yūichirō 67
Mona Lisa 119
Monaco 43
Monopoly 126
Moore, Archie 63
Motoren 102 f.
Mount Everest 67, 81
Müllkippe 95

N
Netzpython 7
Niger 44
Nil 82
Norgay, Tenzing 81

O
Oberschenkelknochen 36
Oktoberfest 129
Orchidee 21
Ortega, Amancio 45

P
Padalka, Gennadi 49
Panamakanal 116
Pantheon 108
Peking 95
Pelé 57
Petersdom 106

Pflanzen, giftig 28 f.
Phelps, Michael 59
Pi 70
Piccard, Bertrand 66
Pilgerfest 130
Planet 75
Poljakow, Waleri 49
Pottwal 15
Powell, Mike 52
Prinz, Birgit 56
Proxima Centauri 75
Puppe 128
Pyramide von Cholula 110

R
Rakete 101
Raketenauto 96
Raukopf 26
Raummission 101
Real Madrid 55
Rechenleistung 105
Red-Spider-Nebel 73
Rembrandt 119
René-Levasseur-Insel 115
Riesenhai 9
Riesenschildkröte 14
Romero, Jordan 67
Rompelberg, Fred 55
Ronaldo, Cristiano 58
Rumaisa 32
Russland 62, 94

S
Saguaro-Kaktus 25
Sahara 86
Sailing Yacht A 97
Sailrocket 98
Salamander 20
Satellit 100
Saurier 12 f.
Schach 68
Schanghai 94
Schiefer Turm von Pisa 110
Schlaganfall 42
Schnurwurm 6
Schokoladenverbrauch 131
Schornstein 112
Schule 130
Schwamm 14
Schwarzes Loch 73

Schwarzes Meer 85
Schwerk, Madhupran Wolfgang 50
Screaming Eagle 122
Seegraswiese 23
Seekabel 116
Seewespe 17
Seikan-Tunnel 114
Sherpa, Apa 67
Shire Horse 11
Sidis, William James 46
Siduhe-Brücke 113
Sierra Leone 43
Silverbrook, Kia 46
Sirius 72
Slim Helú, Carlos 45
SOE Antananarivo 56
Somani, Priyanshi 69
Son-Doong-Höhle 82
Sonne 73
Sophienhöhe 115
Sotomayor, Javier 52
Space Diving 65
Speerwurf 54
Stachelschwanzsegler 16
Steamboat-Geysir 88
Steigbügel 36
Strahov-Stadion 59
Strauß 8
Stubenfliege 20
Südlicher See-Elefant 7, 15
Suezkanal 116
Sumpfzypresse 24
Swahn, Oscar 62

T
Tambora 87
Tao, Terence 46
Tara-Schlucht 86
Taranenko, Leonid 54
Teddybär 127
Teufelsbibel 125
Thakkar, Granth 69
Thurmond, Strom 136
Tiere, giftig 28 f.
Titanenwurz 10
Titanic 123
Toba 87
Totes Meer 84 f.
Tropical Islands 135

U
Uhr 105
Ulmer Münster 106
UY Scuti 76

V
van Hay, Tran 35
Vatikan 94
Versailles 109
Vesuv 87
Victoriafälle 88
von Ferrary, Philipp 71
Vredefort-Krater 80

W
Wadlow, Robert 31
Waimangu-Geysir 88
Walhai 9
Walt Disney World Resort 129
Wanderfalke 16
Weihnachtsstollen 133
Weinfass 132
Weinflasche 122
Weißer Hai 9
Weltall 78 f.
Weltumrundung 98
Werner, Manfred 70
Westerlund 1-26 76
White Christmas 123
Windkraftanlage 112
World Team 66
Wostok 92
Wright, Tony 41
Wüste Lut 92

X
Xiaolin, Cen 68

Y
Yousafzai, Malala 47

Z
Zentralafrikanische Republik 44
Zeppelin 100
Zitterpappel 23
Zwergwespe 11

BILDNACHWEIS

dpa Picture-Alliance, Frankfurt: picture alliance/WILDLIFE 17 o.; picture-alliance / NHPA / photoshot 21 o.; (c) dpa 30 o., 34 o., 46 o., 57 u., 64 o., 65 u., 75 u., 92 u., 116 u., 133 o., 137 u.; picture alliance / AP Photo 32 u., 59 u.; picture alliance/AP Images 35 o., 67 u., 113 o., 136 o.; picture alliance 48 u.; (c) dpa – Sportreport 52 u., 56 o.; picture alliance/augenklick 55 u., 64 u.; picture alliance / Sven Simon 57 o.; picture-alliance / United Archives/TopFoto 58 o.; picture alliance/Perenyi 58 u.; (c) dpa – Report 62 u., 84 o., 97 o., 116 o.; picture alliance/Everett Collection 63 u.; (c) epa 67 o., 69 u.; (c) dpa – Bildarchiv 69 o., 70 u.; picture alliance / blickwinkel 80 o.; picture alliance/prisma 85 o.; picture alliance / ZUMA Press 101 u.; picture alliance / Photoshot 105 u.; picture alliance 110 u., 111 u.; picture alliance/KEYSTONE 114 o.; picture alliance / Arco Images GmbH 114 u., 118 o.; picture alliance/akg-images 119 u.; picture alliance/Mary Evans Picture Library 123 o.; picture alliance / ZUMA Press 124 u.; (c) ZB – Fotoreport 125 o., 127 u.; picture alliance/Artcolor 132 o.

Foodcollection: 27 o.

Kerckhoffs, Raymond: 55 o.

mauritius images: 45 u.; 47 o.; 72 u.; 73 u.; 74 u.; 75 o.; 76 u.; 80 u.; 81 u.; 82; 87 o.; 89; 95 o.; 96; 115 u.; 123 u.; 125 u.; 128 u.; 129; 130 o.; 137 o.

Nöldner, Pascal: Illustrationen Vorsatz/Nachsatz; 3; alle Kolumnenillustrationen S. 7–137; 7 o.; 8 o.; 9 u.; 10 o.; 11 o.; 14 o.; 16 o.; 20 o.; 22 o.; 25 r.; 26 u.; 31 o.; 35 o.; 36 u.; 49 o.; 50 o.; 54 u.; Fu.ball S. 55, 56, 57, 58; 65 o.; 66 u.; 74 o.; 81 o.; 86 o.; 87 u.; 98 o.; 99 u.; 100 o.; 101 l.; 104 o.; 106 r.; 108 o.; 110 o.; 118 u.; 122 o.; 131 u.; 132 u.; 138–141

Sonstige: Urheber: Graham Wise, Lizenz: cc-by-sa 8 u.; Urheber: Rittmeyer EN, Allison A, Gründler MC, Thompson DK, Austin CC, Lizenz: cc-by-sa 11 m.; Urheber: Trebol-a, Lizenz: cc-by-sa 11 u.; Urheber: Citron, Lizenz: cc-by-sa 19 o.; Urheber: Paulis, Lizenz: cc-by-sa 22 u.; Urheber: Gengiskanhg, Lizenz: cc-by-sa 24 o.; Urheber: Clinton Steeds at Flickr, Lizenz: cc-by-sa 24 u.; Urheber: Martinp1, Lizenz: cc-by-sa 43 u.; Urheber: Lithopsian, Lizenz: cc-by-sa 76 o.; Urheber: Jordens Inre, Lizenz: cc-by-sa 91 o.; Urheber: KarleHorn & Waldi, Lizenz: cc-by-sa 97 u.; Urheber: Saruno Hirobano, Lizenz: cc-by-sa 104 u.; Urheber: JoeJoeJoe93, Lizenz: cc-by-sa 107 u.; Urheber: bobbyh_80, Lizenz: cc-by-sa 108 u.; Urheber: Richard Huber, Lizenz: cc-by-sa 109 u.; Urheber: Craig Butz, Lizenz: cc-by-sa 111 u.; Urheber: MOs810, Lizenz: cc-by-sa 112 u.; Urheber: Eric Sakowski, Lizenz: cc-by-sa 113 u.; Urheber: Joern Brach, Lizenz: cc-by-sa 115 u.; Urheber: Nephentes, Lizenz: cc-by-sa 117 o.; Urheber: Ferdinand Reus, Lizenz: cc-by-sa 117 u.; Urheber: AirWater, Lizenz: cc-by-sa 135 u.

Trautmann, Elke: 40 o., 38 o., 39 o.

www.fotolia.de: m.arc 4 m., 37 u.; Jürgen F.chle 5 o., 72 o., 77 o.; taddle 5 u., 126 o.; Michael Rosskothen 6 o., 12 o.; El Gaucho 7 u.; Reinhold Foeger jr. 25 u.; emer 26 o.; Lochstampfer 28 u.; VRD 29 o.; R.-Andreas Klein 32 o.; rook76 33 o.; fotofrank 33 u.; imageteam 34 u.; Kzenon 39 u.; Aamon 41 o.; igoraul 42 o.; Martinan 43 o.; iPics 45 o.; daboost 47 u.; photo 5000 48 o.; max blain 52 o.; fujipe 53 u.; Gina Sanders 71 u.; Sondem 77 u.; Christos Georghiou 79 o.; merrvas 83 o.; Frank Wa.erführer 83 u.; irisphoto1 84 u.; siempreverde22 85 u.; gospodin_mj 86 u.; Benshot 88 u.; Nikon-Fan 88 u.; marilyn barbone 90 u.; kristian sekulic 91 u.; MielnickiStudio 92 o.; michalknitl 93 u.; Melpomene 94 u.; Richard Carey 95 u.; Andrey Armyagov 100 u.; Zeit4men 102 u.; Gina Sanders 106 u.; Claude Coquilleau 109 o.; Christian Schwier 112 o.; ag visuell 122 u.; Carlos André Santos 124 o.; Monkey Business 127 o., 131 u.; heebyj 134 o.; Andrey Popov 134 u.; kichigin19 135 o.

www.pixelio.de: mondzart-hohenlohe 107 o.; Rolf Handke 102 o.

www.shutterstock.com: Eric Isselee 4 o., 9 o., 18 o.; Elenarts 13 o., bikeriderlondon 4 u.; Sergey Mikhaylov 6 u.; irin-k 10 u., 20 u.; Scandphoto 15 o.; Andrea Izzotti 15 u.; Leena Robinson 16 u.; Marek Velechovsky 17 u.; Art65395 18 u.; Oceloti 19 u.; Subbotina Anna 20 u.; Photo travel VlaD 21 u.; rodho 23 u.; Jezper 27 u.; Stuart G Porter 28 o.; Syda Productions 30 u.; Sebastian Kaulitzki 36 o., 37 o.; Lightspring 38 u.; Gladskikh Tatiana 40 u.; strelka 41 u.; Lisa F. Young 42 u.; TonyV3112 44 o.; Julinzy 44 u.; Stefan Holm 50 u.; Paolo Bona 51 o.; Zurijeta 51 u.; Lilyana Vynogradova 54 o.; Fotokostic 56 u.; josefkubes 59 u.; Pavel Kubarkov 60 o.; Dean Drobot 60 u.; COLOMBO NICOLA 61 o.; Stefan Schurr 61 u.; Shnycel 62 u.; Lilyana Vynogradova 63 o.; bikeriderlondon 66 o.; Marco Govel 68 o.; Sergey Peterman 68 u.; Toponium 70 u.; spfotocz 71 u.; Zurijeta 78 o.; Ozerina Anna 78 u.; Michal Zduniak 79 u.; sellingpix 90 u.; D'July 93 u.; 3Dsculptor 103 u.; Anton Papulov 105 u.; Imfoto 120o.; boykung 120 u.; ILeysen 121 o.; Art of Life 121 M.; Art_girl 121 u.; CaseyMartin 126 u.; Little_Desire 133 u.; EKS 136 u.